90 MINUTES IN HEAVEN:
A True Story of Death & Life

去過天堂90分鐘

【熱銷七百萬冊新譯版】

關於死亡與勇氣的真實故事

唐・派普 Don Piper、
賽思・墨菲 Cecil Murphey——著
林丘——譯

目次

CONTENTS

推薦序　在天堂的光影之間　邱顯正博士　007
各界推薦　011
前言　我死過，也去過天堂　013
1　意外　015
2　在天堂的時間　023
3　天籟之音　035
4　從天堂到地上　045

5 從地上到醫院 055
6 踏上復原之路 069
7 決定和挑戰 083
8 痛苦和調整 097
9 無止境的調整 119
10 更多神蹟 133
11 回到教會 145
12 敞開 165

13 緊握的手 177

14 新的常態 183

15 觸碰生命 211

16 尋找意義 243

17 渴望家園 261

18 有關「為什麼」的問題 269

致謝 279

推薦序

在天堂的光影之間

邱顯正博士

在我多年從事神學教育與教會牧養的經驗中，少有一本書像《去過天堂90分鐘》這樣，引發如此廣泛而深刻的回應。它既被某些人視為神蹟的見證，也被另一些人視為「主觀經驗」的挑戰。但我始終相信：一本書能引起如此多層面的討論，本身就顯示出其在信仰生命中的重要性與張力。《去過天堂90分鐘》不只是一本關於死亡後經驗的敘述，更是一本誠實面對人對永恆渴望的靈性見證。

唐・派普是一位經歷過臨床死亡後「復活」的牧者。他在九十分鐘的「死亡狀態」中，聲稱經歷了天堂的真實——他被愛包圍、與已故親友重聚、感受到無與倫比的平安與讚美。在現今講究醫療證據與心理研究的時代，這樣的見證無疑會激起科學與神學雙重的質疑與關注。但我願意邀請讀者，不妨暫時放下判斷，以一種牧養的視角、一種尋道者的姿態來閱讀這本書。

本書的價值，首先不在於它是否提供天堂的「準確描述」，而在於它喚起了我們對「永生」的想望。當代教會對天堂的講論時常貧乏且抽象，彷彿天堂是死後才能了解的模糊概念。派普的敘述則用情感與關係的語言重新喚醒了這個議題。他對天堂的形容——那種被完全接納、被愛包圍、與所愛的人再相見的經驗——讓人聯想到保羅在《哥林多前書》13章所說：「我如今所知道的有限……到那時就全知道。」（《聖經．哥林多前書》13:12）

做為神學教師，我深知這樣的經驗敘述需要謹慎處理。《聖經》並未詳盡描繪天堂的細節，更多是以象徵與盼望之語言呈現。例如《啟示錄》對「新耶路撒冷」的描述，是一種神人同住、萬物更新的終末圖像（《聖經．啟示錄》21–22章）。因此，我認為派普的經歷不應被當作系統神學的教材來解釋天堂，而更適合作為敘述神學（narrative theology）的一部分，帶領人重新進入「上帝的家」的想像。

其次，本書也提供了牧養層面的深厚資源。在我牧會或陪伴臨終者的過程中，常常遇到人對死亡的恐懼、對失去的痛苦與對未知的焦慮。《去過天堂90分鐘》無疑是一帖靈性的安慰劑。它讓哀傷者知道：愛的關係不會因死亡而斷絕；

信主的人可以存著盼望，「死只是回家」。這樣的見證，為無數處在生命邊緣的人帶來了希望與安慰。

當然，我也必須誠實指出一些值得留意的神學限度。首先，派普所見的天堂充滿個人化與情感色彩，這可能讓人誤以為天堂只是「與我相關的人重聚」的場所，而忽略天堂更深的本質——那是神的國度，是公義、聖潔與神完全同在的領域（《聖經．羅馬書》14:17）。其次，他的經驗中幾乎未提到基督的面容或神的寶座，這與《啟示錄》中以「羔羊」為中心的天上敬拜有些落差。我並不認為這是錯誤，但提醒我們：任何人對天堂的描繪，無論多真實感人，仍不過是「模糊的鏡子」（《聖經．哥林多前書》13:12）。

但正是這些張力，讓《去過天堂90分鐘》更值得閱讀與反思。它讓我們重新檢視自己的信仰核心：我是否相信耶穌所說「我去，是為你們預備地方」這話？我是否因為永恆的盼望而活出今日的愛與敬虔？我是否能在死亡面前不懼，因為知道主已為我開了道路？

結語時，我想到奧古斯丁在《上帝之城》中所言：「我們在此地作客，是為了那無法震動的城。」天堂不是幻影，而是信仰的實體；不是情感的安慰劑，而是福音的終極應許。《去過天堂90分鐘》也許無法解答你所有神學上的問題，但它可以喚醒你對天家更深的渴望。

我誠摯推薦這本書，特別給那些正處在人生邊緣、面對死亡與失落的弟兄姊妹，以及所有在信仰中尋找永恆記號的人。願這段「去過天堂」的見證，不只是一本書，而是一次靈魂向永恆的歸航。

（本文作者為中華福音神學院宣教中心主任）

各界推薦

無論宗教背景或社會身分，世界上每個人所擁有的時間都是同樣的有限，《去過天堂90分鐘》作者因為一場突如其來的意外，看見了生命盡頭以外的永恆，也因為擁有對於遠方的盼望，他才能夠再次站起，面對眼前看似漫長的困境。

期許這本書提醒我們，生命是如此短暫，唯有當我們深刻意識到「每一件事都有它的最後一次」，我們才懂得珍惜生活中每件小事的可貴。

——舊鞋救命協會創辦人／楊右任

死亡，是人生的必修課。

在醫學倫理上，「如何面對死亡」其實是每個人都需要學習去正視的課題，無論是親自面對或是陪伴親友面對。

這本書的作者唐．派普曾任德州第一浸信會牧師，這位浸信會牧師講述了自己人生瀕臨死亡的經驗。當然，他個人的經驗也許無法等同於未來我們每個人的經驗，但這樣真摯的分享，令人動容，也值得參考。

死亡，是人生的「必修課」，願我們都從這本書中得到一些啟示。

——輔仁大學醫學院職能治療學系教授、臺北市醫學人文學會榮譽理事長／施以諾

前言

我死過，也去過天堂

我死於一九八九年一月十八日。

醫護人員幾分鐘內就到達了事故現場。他們發現我已沒有脈搏，便宣布我已經死亡。他們用防水布蓋住我，如此一來，當他們處理其他人的傷勢時，圍觀者便不至於盯著我看。我完全沒注意到周圍有醫護人員或其他人。

死亡之後，我直接去了天堂。

當我在天堂時，一位浸信會牧師來到事故現場。儘管他知道我已經死了，卻仍趨前為我毫無生命跡象的軀體禱告；即使急救人員嘲笑他，他仍拒絕停止這麼做。

在急救人員宣告我死亡至少九十分鐘後，上帝回應了那位牧師的禱告。

我回到了這個世界。

這就是我的故事。

1

意外

所以我們可以放膽說：「主是幫助我的，我必不懼怕；人能把我怎麼樣呢？」

——《聖經．希伯來書》13:6[1]

德州浸信會總會（The Baptist General Convention of Texas, BGCT）每年都會召開全州大會。一九八九年一月，他們選擇在利文斯頓湖北岸一處名為「三一松」的大型會議中心舉行。這個中心隸屬於德州休士頓浸信會聯會。會議的主題為「教會成長」，我之所以去，是因為我正在考慮建立一所新的教會。

會議於週一開始，預計於週三午餐後結束。週二晚上，我和一位總會的高層主管兼友人湯瑪斯並肩散步了一段很長的路。湯瑪斯在一次心臟病發作後，便開始以步行鍛鍊身體，所以我們在會議的最後一晚一起散步運動。

就在幾個月前，我覺得是時候建立一個新教會了。開始進行這項冒險之前，我當然要盡量多蒐集一些資訊。

我知道在整個德州浸信會總會裡，湯瑪斯對於建立新教會所擁有的經驗和知識可是數一數二的，因為他確實在德州成功地建立了許多教會，因此大多數人都認為他是專家。

那晚，我們一邊散步，一邊談及我想建立新教會的事：何時開始？地點在哪裡？會遇到哪些困難？有哪些要避開的陷阱？他不只回答了彷彿沒完沒了的提問，還提出了一些我從未想過的問題。

我們邊走邊聊了大約一小時。儘管天氣寒冷，而且下著雨，但我們相談甚歡。湯瑪斯對那個晚上仍記憶猶新。

我也是，不過理由不一樣：因為那是我人生最後一次正常行走。

一張救命罰單

星期三上午，天氣變得更糟。雨下個不停，要是溫度再降個幾度，我們很可能就無法踏上返家之路了，因為所有的一切都有可能結冰。

上午的會議準時開始。最後一位講員做了一件浸信會傳道人幾乎不做的事——他居然提早結束。會議中心取消了午餐，相對的，工作人員在十點半左右為我們準備了早午餐。我前一晚就已收好行李，並把東西全部放進我那輛一九八六年產的紅色福特 Escort 裡。

一吃完飯，我立刻和朋友們道別，鑽進車裡，準備開車回我所任職的教會——阿爾文的南園浸信會，位於休士頓郊外的一個住宅區。

發動引擎時，我想起三個星期前，曾因為沒繫安全帶而吃了一張罰單。當時我正要代替一位即將接受喉嚨手術的牧師朋友講道。警察把我攔下來，那張罰單

① 《聖經》章節皆依據《聖經新標點和合本》。

至今仍放在副駕駛座上，提醒我一回到阿爾文就要去繳罰款。收到罰單前，我本來都不繫安全帶的，在那之後我就改變了。

看著那張罰單，我心想：可不能再被抓了，於是我小心地繫上安全帶。這個小小的舉動，成為後來一個決定性的關鍵。

要回到阿爾文有兩條路可走。從三一松會議中心大門口出發，要不就是途經利文斯頓、沿著五十九號高速公路走；要不就是向西前往亨茨維爾，再接一般稱為「海灣公路」的四十五號州際公路。這兩條路線的距離相當，平常我都是走五十九號公路。那天早上，我選擇走海灣公路。

能提早走人還真不錯。時間才剛過十一點，最快下午兩點就能回到教會。主任牧師帶了一群人前往聖地耶路撒冷，留下我負責南園教會的週間聚會；他還要我負責接下來兩個主日（星期天）的講道。星期三晚上是禱告會，幾乎不太需要準備，但我得為主日早上的講道做些事前工作。

離開阿爾文之前，我已經寫好了第一篇講道的草稿，題目是「我信奉偉大的上帝」。我打算開車時再看一下自己寫的東西。

後來，我多次想到自己選擇走海灣高速公路的決定。令人驚訝的是，我們在決定小事時，往往是以不在乎的態度；然而我提醒自己，即使是最小的決定，也經常造成重大的後果。我的這個決定，就是其中之一。

我從三一松會議中心出發，右轉，開上德州十九號高速公路，它會帶我前往亨茨維爾，然後再切到通往休士頓的四十五號州際公路。沒過多久，就到了利文斯頓湖，這座人工湖是因三一河上游水壩所形成的，過去的河床如今已是優美的大湖。一條雙向的高速公路橫跨利文斯頓湖，路基就建在湖裡，而且沒有路肩，使得路面非常狹窄。我必須開在這窄小的道路橫跨一大片水域，才能到達另一頭。儘管知道這條路沒有路肩，必須小心，但我對接下來的事並沒有任何預感。

這條高速公路的盡頭是橫跨三一河的舊橋，一過橋，道路立刻變得陡峭，沿著河床上方的山崖爬升。這種急劇的高度變化，會使得雙向駕駛人的視線都受到影響。

我從沒見過這樣的橋，它看起來很奇怪。橋很長，但我不知道到底有多長。它是一座陳舊的橋梁，巨大鋼鐵結構上鏽跡斑斑。除了眼前的道路外，我幾乎看不見其他東西。這座橋很危險，而且後來我才知道，這裡發生過幾次事故（現在這座橋已經封鎖，橋身仍在，但州政府在旁邊建了另一座橋）。

由於對這條路不熟，因此我將車速維持在每小時八十公里。車子很冷，我只好聳著肩開車。風使得那天早上更顯寒冷，綿綿細雨已成大雨，我真想快一點回到阿爾文。就在上午十一點四十五分左右，我就快要駛離這座橋，一輛由德州監獄受刑人所駕駛的十八輪大卡車，突然歪歪扭扭地越過中線，正面撞上我的車。卡車將我的小車夾在護欄和卡車司機座位之間，就像三明治一樣。卡車的輪子完全輾過我的車頂，並將車子壓得粉碎。

我只記得事故的片段，其他大部分的資訊，則是從事故報告和現場目擊者那裡得來的。

根據目擊者的描述，卡車從窄橋的另一個方向開過來，先是撞上了我，接著又追撞前方兩輛與它同方向的車；那兩輛轎車已跟我會過車，卡車竟然還撞得上它們——警方紀錄顯示，卡車撞上我的時候開得很快，時速至少九十五公里。這位沒有經驗的司機，他的卡車最後幾乎停在橋的末端。

遭到追撞的兩輛車裡，其中一位駕駛是個年輕的越南人，另一位則是年長的白人。他們都嚇壞了，幸好只受到輕微的擦傷和割傷，他們也拒絕了送醫的提議，因此救護人員並未送他們去醫院。

事故報告表示，發生撞擊當下，卡車的相對速度約為每小時一百一十五公里；意思是，卡車以九十五公里的時速撞上我，而我正以八十公里的時速開著車。那名受刑人因為沒操控好車輛又超速，而被開了罰單。後來證實，那名受刑人根本沒有卡車駕照——只因為當獄所管理人員問有沒有人志願開卡車去載一些食物回來時，他是唯一肯去的人。於是他們讓他駕駛監獄的補給卡車，再由兩位警察開著另一輛屬於州政府的小貨車緊跟在後，做為戒護。

事故發生後，卡車司機毫髮無傷，監獄的補給卡車也只受到些微損壞，但那輛超級重的卡車卻輾碎了我的福特轎車，並把它推出窄小的路面，還好橋邊有護欄，沒讓我的車掉進湖裡。

據現場人員表示，警察從監獄裡徵調了多名醫護人員，並在幾分鐘內就趕到。有人幫我檢查，發現我已經沒有脈搏，於是宣布我當場死亡。

對於被撞，以及之後發生的所有事情，我完全沒有記憶。

在那個強而有力、勢不可當的瞬間，我死了。

2

在天堂的時間

他就懼怕說：「這地方何等可畏！這不是別的，乃是上帝的殿，也是天的門。」

——《聖經．創世記》28:17

當我死去的時候，既沒有穿過一條又黑又長的隧道，也沒有離去或歸來的感受，更未感覺身體被帶進光明裡。我沒聽見任何聲音，不管呼喚的對象是不是我。我生前最後見到的景象，是橋梁和雨水，與此同時，一道光籠罩了我，其光芒超越世俗的任何理解或描述。如此而已。

當我再次意識到時，我發現自己站在天堂。

天堂門口的盛大歡迎會

當我環顧四周，內心不由得充滿喜樂。我注意到有一大群人站在一扇富麗堂皇的大門前。我不知道他們離我多遠，但距離之類的事似乎無關緊要。當那群人向我跑來時，我沒看見耶穌，卻看見許多熟悉的面孔。我立刻明白，這些都是先我離世的人，他們的出現顯得非常自然。

他們向我簇擁而來，每個人臉上都帶著微笑，並高聲讚美上帝。雖然沒人這麼說，但我直覺知道這是我的天國歡迎會。他們在天堂的門口聚集，正等著我。

我第一個認出的，是我的外公喬．庫柏。他看起來跟記憶中一模一樣，有一撮白髮和我稱為「大香蕉」的鼻子。他停了下來，站在我面前，臉上堆滿微笑。我可能喊了他的名字，但我不確定。

「唐尼！」（他常這麼叫我）他的雙眼亮了起來，又向我邁出最後幾步，朝著我伸出雙臂。他擁抱我，緊緊地抱著我。沒錯，他正是我兒時記憶中那位強壯且精力充沛的外公。

記得在他心臟病發作時，我正和他一起待在家裡，並一起坐上救護車。我一直待在急診室外頭，直到醫師走出來，對我搖搖頭，輕聲說：「我們已經盡力了。」

外公放開了我，我看著他的臉龐，一股狂喜湧上心頭。我無法壓抑重逢的喜悅，根本沒想到他的心臟病或已經去世的事。至於我們是怎麼來到天堂的，似乎已無關緊要。

我不知道為什麼在天堂第一個看見的人會是外公，也許是因為他去世的時候我就在旁邊吧。他並不是我生命中最偉大的屬靈嚮導，但的確在這方面對我產生正面影響。

和外公擁抱後，我不記得接下來的那兩位是誰。人群圍繞著我，有人抱住我，有人親我臉頰，還有人使勁握著我的手——我從未感受這麼深厚龐然的愛。

歡迎會中有個人，他叫麥克·伍德，是我的兒時玩伴。麥克對我來說有特殊的意義，因為是他邀我上兒童主日學的，這對我成為基督徒有很大的影響。麥克是我所認識的人裡最虔誠的年輕基督徒，而且受人歡迎。整個高中四年，他都是美式足球、籃球隊和田徑隊的隊員，表現優異，非常了不起。他成為我心目中的英雄，因為他身體力行，活出了基督的樣式。高中畢業後，麥克獲得路易斯安納州立大學的全額獎學金，可惜他在十九歲那年死於車禍。當我聽到他的死訊時非常震驚，整個心都碎了，花了很長的時間才從悲傷裡走出來。他的離世，是我生命所經歷過最大的打擊和痛苦。

參加他的葬禮時，我哭個不停，不明白上帝為什麼要帶走一位如此忠心的基督徒。多年來，我一直無法忘記這種痛苦和失落。儘管我並沒有一直惦記著他，但只要想起他，悲傷就會湧上心頭。

現在，我在天堂看見麥克。當他用手臂環住我的肩膀時，我心裡的痛苦和悲傷消失了。我從未見過麥克笑得這麼開心。雖然我還不知道這是怎麼一回事，但至少這裡的喜樂消除了我內心所有的疑問，一切都至善至美！

越來越多人圍在我身邊，喚著我的名字。有那麼多人歡迎我進入天堂，真的非常感動。人數之多，還帶著無比的歡樂，這都是我無法想像的。他們臉上流露出一股我從未見過的平靜，而且人人充滿活力，洋溢著喜樂。

在這裡，時間沒有意義，但為了方便表達，我會按時間先後來描述這段經歷。

✦ ✦ ✦

我看見曾祖父，聽到他的聲音，也感受到他的擁抱。他說他很高興我加入他們。我看見之前不幸在湖裡溺斃的高中同學貝利．威爾遜，他抱住我，笑得非常開心，令我難以置信。他與每個隨之而來的人都不停地讚美上帝，並說他們有多高興能看到我，也歡迎我來到天堂，加入他們全心投入的團契。就在這時，我看見兩位過去很疼愛我、經常與我談論耶穌基督的老師。

我走在這群人之中，發現各種年齡的人都有，儘管有許多人從未見過，但每個人都曾影響我的生命；儘管他們以前互不相識，現在卻好像很熟絡。

當我試圖說明整個狀況時，我的語彙顯得既貧弱又無力，因為我必須用世俗有限的措辭來描述難以想像的喜樂、興奮、溫暖和全然的滿足。所有人一個接一個地擁抱、撫摸我、對我說話、對我笑，並且讚美上帝。這一切好像持續了很久很久，而我絲毫不覺疲倦。

我的父親有十個兄弟姊妹，這些叔伯姑姑裡，最多的有十三個孩子。由於家族人數龐大，在我小時候，如果想要聚會，還得租下整個蒙蒂塞羅（Monticello，位於阿肯色州）市立公園。我們派普家族關係緊密，一見面便是擁抱親吻。即使如此，我與家族親友的團聚經驗，仍不足以讓我對發生在天堂門口的崇高聖徒大集合做好心理準備。

那些曾聚在蒙蒂塞羅的親人們，正是在天堂之門等我的人。天堂有許多意義，但毫無疑問的，它是最偉大的家庭聚會。

只有燦爛美好，沒有負面的天堂

我所經歷的每樣事物，都像是為感官而預備的超級筵席，任我取用。我從未感受過如此強而有力的擁抱，更從未經歷如此美妙的景致。天堂的光線和質地，無法用世俗的目光來解讀，溫暖和明亮的光芒包圍了我。我環顧四周，幾乎無法一一辨認出那些鮮活、耀眼的繽紛色彩。每種色彩都超越了我曾有的體驗。

隨著感官意識加深，覺得自己以前似乎從未真正地見過、聽過或感受過任何事物。我不記得自己曾嘗過什麼東西，但我知道，如果真的這麼做，將比人世間任何我吃過或喝過的東西都更美味。最好的解釋就是，我覺得自己正處於另一個維度。即使在人生最美好的時刻，都不曾覺得自己像現在這樣完完全全地活著。我站在這群可愛的人面前，不知道該說些什麼才好，只能試著享受這一切。一次又一次，聽見他們因為看到我而發出無比喜悅的呼聲，感受他們因為我的加入而湧現的激動和興奮之情。我不確定他們是否真的說了什麼，但知道他們一直在等我——儘管在此同時，我也意識到天堂是沒有「時間流逝」這回事的。

我再次注視身邊所有人，意識到他們都曾在我成為基督徒的過程中幫過我，或是曾在信仰成長的過程中鼓勵我。每個人都對我有正面影響，並在屬靈上引導我成為一個更好的基督徒。我知道（又是那種不知道自己為什麼會知道的直覺），因為他們對我的影響，才得以在天堂和他們相聚。

我們並沒有談論他們為我做的事，只是把話題集中在我所擁有的喜悅上，以及他們有多高興看到我。

我仍不知所措，因為不知道該如何回應他們的歡迎，「我很高興跟你們在一起。」我只能這樣說。然而這完全無法表達被我所愛的人們圍繞與擁抱所帶來的極大愉悅。

我沒有意識到自己拋下了什麼，也沒有為離開家人或財物而感到遺憾。彷彿上帝從我的意識中抹去了所有負面或令人擔憂的事，讓我只能為了與這些美好的人們相聚而高興。

他們看起來就和我曾認識的他們一模一樣，而且比在世時更加容光煥發和歡喜。

我的曾祖母是個美洲原住民，名叫海蒂．曼。她在我還小的時候就已罹患骨質疏鬆症，頭和肩膀都向前彎，有嚴重的駝背。最讓我記憶深刻的是她的滿臉皺紋和一口假牙——而且她總是忘記戴。但是在天堂裡，當曾祖母對我微笑時，她的牙齒閃閃發亮——我知道她的牙是真的，她的微笑也是我看過最美的。

我還注意到另一件事——她的背不駝了，站得又直又挺，臉上的皺紋也不見了。我根本不知道她真正的年齡，甚至根本沒想到這個問題。注視著她明亮的臉龐，我知道年齡在天堂毫無意義。

年歲意味著時間的流逝，但那裡沒有時間。所有我遇見的人，都跟我最後一次看見他們時的年紀相仿，塵世生活帶來的所有蹂躪和創傷卻全都消失了。儘管以世間的審美標準來說，有些人不算非常漂亮，但在天堂，每張臉都是完美、賞心悅目的。

✦✦✦

即使在多年後的此刻，我閉上雙眼，還是能清晰回憶起那些完美的笑容與從未體驗的溫暖與友善。和他們共處的神聖時刻，是我生命中的珍寶。

我一踏進天堂，他們就來到我面前，給我一個又一個擁抱。無論朝哪個方向看，都是我所愛的人和愛過我的人，他們簇擁著我，帶我四處走動，好讓每個人都有機會歡迎我的到來。

我覺得被愛，遠勝我一生中所有被愛的體驗。他們並沒有真的說「愛我」，我也不記得他們說了什麼，但當他們注視著我，我便徹底明白《聖經》裡所謂「完全的愛」是什麼。它從每個圍繞著我的人身上散發出來。

我凝視著他們，覺得自己彷彿接收了他們對我的愛。片刻後，我再次環顧四周，眼前的景象令我震驚。眼前的一切全都燦爛耀眼。從前方不遠處的大門射來一道光，比環繞在我身旁的光輝還要明亮與輝煌。我停止凝視人們的臉，因為我發現周圍的一切都閃耀著光芒。言語完全不足以形容，所有事物都令人敬畏與驚異，遠超過人類的言語所能描繪。

我所看見的每樣東西散發著強烈的光輝，唯一能說的是，我們正開始移向那道光。沒有人說應該怎麼做，但我們同時動了起來。我向前看，一切好像都在長高——有如一座平緩的小丘不停向上延伸。我本以為門後或許會有些陰暗，但我所能看見的，只有絢麗奪目的亮光。

和眼前的燦爛相較之下，我遇見親朋好友時所看見的光芒頓時黯然失色。每踏出一步，光芒就變得更加耀眼。

我不知道它是怎麼做到的，但事實就是這樣。彷彿打開一間暗室的門，走進正午烈日的亮光裡，門一開，奪目的光芒便從四面八方湧來，使我們暫時失去視覺。

但我沒有瞎，只是驚訝於那不斷增強的光輝。這看起來真的很奇怪，一切雖已如此燦爛，但我每向前一步，光輝就會再增加一些。光籠罩了我，我覺得自己正被引到上帝面前。

人的肉眼必須逐漸適應光和暗，但是在天堂，雙眼不需要適應，所有感官都得到極大的提升，好享受一切，這是多麼令人震撼的感官饗宴！

當我繼續往前走，一種聖潔的敬畏感充滿了我。我不知道前面有什麼，但感覺得出來每一步都變得相當奇妙。

然後，我聽到了音樂。

— 3 —

天籟之音

> 我又看見且聽見寶座與活物並長老的周遭，有許多天使的聲音；他們的數目有千千萬萬。
>
> ——《聖經．啟示錄》5:11

小時候，我常在鄉間和森林裡玩耍。當我穿過高度齊腰的草叢，常會驚動停在地上的鳥群，使牠們倏然飛起。此時，牠們的翅膀會發出「啪呼」的聲音。

天堂最讓我印象深刻的，是我所聽見的聲音。我只能將它描述為神聖的振翅聲。

但我也必須將它擴大千萬倍，才能展現天堂的音響效果。

那是我所聽過最美妙悅耳的聲音，而且持續不斷，像一首永不止息的歌。我為之震懾，只想側耳傾聽。我不只聽見音樂，似乎也成為音樂的一部分——藉由我的身體演奏出來。我佇立不動，卻覺得被樂音緊緊擁抱。

輕快的音符和旋律滿溢在空氣中，清晰可聞，我卻絲毫未受干擾——當天籟滲透進全身每個部分的同時，我仍能注意到周遭發生的每件事。

我並未看見任何發聲的器具，只覺得天籟的源頭就在我上方，但我沒有抬頭看，也不明白為什麼。也許是因為我正沉浸在周遭人們的陪伴，也許感官正忙於享受這一切。我不想問問題，也沒有什麼困惑。諸事皆美，覺得自己了解這一切，毫無疑問。

無數美妙的聲音充滿我的思緒和心靈，簡直難以形容。最奇妙的是天使拍翅的聲音。我沒看見他們，但那種聲音宛如一段美妙而聖潔的旋律，搭配似乎永不終止的節奏。拍翅聲彷彿一種永恆的讚美，當我傾聽，便能完全理解它是什麼。

✦
✦
✦

在天堂的經歷中，一個至今仍留在我腦海、獨特而生動的記憶，正是剛剛所說的第二種聲音——我稱它為「音樂」，但它與任何我在世間聽過或期待聽到的都不一樣。讚美的旋律盈滿在空中，源源不絕的力量和無窮的變幻令我震撼。

讚美之聲永不停歇，但對我來說，最特別的是同一時間竟有上百首樂曲齊聲歡頌，全都在敬拜上帝。當我靠近宏偉莊嚴的大門時，讚美之聲從四面八方湧來，我意識到每個聲音都在讚頌上帝。我用「聲音」這個詞，但實際上不只於此，有的聲音像樂器，但我不確定，也不在乎，因為到處都是讚美之聲、都是音樂，也是我從未聽過的旋律和音調。

「哈利路亞！」、「讚美！」、「榮耀歸於上帝！」、「讚美歸於君王！」樂聲中傳來這樣的讚美詞。我不知道這些歌聲是來自天使或眾人，但我驚訝不已，專心沉浸在天堂的氛圍中，無意左顧右盼。我內心充滿未曾經歷過最深切的喜樂。儘管沒有參與敬拜，卻覺得自己的心中也迴響著同樣的喜樂與活力。

如果同時播放三首讚美詩，我們只會聽到不和諧，甚至叫人發瘋的噪音。但在這裡可不是這樣，每個音符都互相和諧，每種聲音和樂器聲都完美搭配。

說也奇怪，我竟能清楚分辨每一首詩歌。當我走進天堂大門時，每一首讚美詩聽起來都是為我而唱的。

我曾在人生的不同時期唱過其中某些較古老的讚美詩和聖歌，但還有上百首是我未曾聽過的。不論是讚美詩、現代的合唱曲，或是古老的聖歌，全都充盈我的雙耳，帶給我極深的平安與前所未有的極大喜樂。

當時，站在大門前的我並未察覺，這些詩歌裡並沒有像〈古舊十架〉（The Old Rugged Cross）或〈釘痕的手〉（The Nail-Scarred Hand）之類的歌；而且所有飛揚在空中的樂聲中，沒有一首是關於耶穌犧牲或死亡的歌——我沒聽到任何悲傷的歌曲，並且本能地知道，天堂裡就是沒有悲歌。怎麼會有呢？所有的讚美都是關乎基督已成萬王之王，我們因祂為我們所成就的一切，以及祂的何等奇妙而稱頌。

這些天籟遠勝任何我聽過的音樂。同時間響起的歌曲難以計數，卻毫不混亂，因為我能辨別每一首歌的歌詞和旋律。

這美妙的音樂令我讚嘆不已。儘管我沒有一副好歌喉，但我知道，如果當時也跟著放聲歌唱，那聲音將是完美無缺的，且與充盈雙耳的萬千歌聲與樂器聲一樣優美和諧。

即使回到人世之後，有時我仍會聽見那樂音微弱的回聲。當我特別疲倦、閉眼躺在床上時，偶爾會伴著那充滿我內心的天堂樂音入睡。不管一整天有多辛苦，平安會立刻充滿我整個人的每一個角落。往事依然會重現，只是和一般人不太一樣——閃現在心裡的多半是聲音，而不是影像。

每當我思考那段有關天籟的記憶對自己的意義時，總不免覺得稀奇。我原本以為，最令我難忘的應該是自己眼見的事物，或是與某位親人的擁抱。但經歷了那麼多之後，我最珍惜的竟是那些樂音，甚至等不及想再次親耳聽到。這是我所嚮往的。我確實想見到那些人，但也知道，自己會永遠與他們同在。我想再度經歷在天堂裡的每一件事——尤其是，非常期待再次聽到那些永不止息的讚美之聲。

當然，我無從得知上帝的感覺，但我想祂一定喜悅於這樣持續不斷的讚美，而我也從中獲得了喜樂和安慰。

✦ ✦ ✦

在那段時間裡——儘管對天堂來說，時間是沒有意義的——有人撫摸我，他們溫暖的擁抱如此真實；我也看到超越任何想像的色彩，並感受到前所未有的活力。

我回家了，回到我的歸屬之地。我非常渴望待在那裡，更甚於地球上任何我曾想前往的地方。光陰悄然流逝，而我就在天堂。所有的憂慮、不安和掛念都消失了，我一無所求，只感到至善至美。

如果我在天堂見到上帝

描述天堂的景象令我深感沮喪，因為我根本無法以人世間的言詞來表達它的一切：看起來像什麼、聽起來像什麼、感覺起來又像什麼。天堂如此美善，我無所欲也無所求，甚至完全沒想到塵世或被我拋下的人們。

我沒有看見上帝，雖然我知道祂就在那裡，但我並未看見任何影像或光芒以表示祂神聖的臨在。我曾聽其他人談論那些去過天堂又返回人間的經歷，但那些事並未發生在我身上。

我只看見如彩虹般的光芒。我曾朝大門裡頭張望，期待能看到什麼，卻不是出於急切的渴望，而是坦然敞開心胸，期待體驗天堂所有的恩典和喜樂。關於這部分的經歷，我覺得唯一合理的解釋是：如果真的見到上帝，絕對不會想回來——一旦真正來到上帝面前，就不會再留戀世間，因為相較之下，人世全然空虛，毫無意義。

對我來說，光是來到天堂大門就已夠讓人驚奇的了，它使我初嘗屬天的喜樂，但我笨拙的口舌卻無以形容所發生的一切。

身為牧師，我曾多次站在棺木前，並在葬禮中說：「對於愛主、信靠主的人來說，離開肉身，就是與主同在。」

我以前相信這話，現在更加確信了。

珍珠門彩虹光

過了一會兒（用人的概念來看），我們開始一起走向大門。雖然沒有人對我說明，但我知道是上帝差遣那些人迎接我進入天堂的大門。

在這支「歡迎團」的上方，是一扇雄偉壯觀的大門，兩側與不見盡頭的高牆緊緊相連。我突然發現，和巨大的門扉相比，真正的入口實在太小了。我凝神細望，不論往任何方向看，都看不到牆的盡頭；舉目仰望，也看不見頂端。

有一件事確實讓我驚訝：以前每當想到天堂，我都期待有一天能看見一座用珍珠做的大門，因為《聖經》裡曾提到珍珠門①。儘管這扇門並不是用珍珠做的，卻發出珠光——或者用「彩虹光」來描述更貼切。在我看來，這扇大門有如淋在蛋糕上的珍珠糖霜，閃閃發亮。

我停下來觀看這絢麗的色彩與光線變幻。耀眼的光芒使我目眩，光是能待在這裡，就夠讓人心滿意足了，但我還是向前邁步，彷彿受到牽引般，被簇擁著來到上帝面前。

我在大門外停了下來，已經能看到裡頭。它就像一座鋪設了街道的城市。令我驚奇的是，鋪在路上的果真是黃金。一條鋪滿金磚的街——這個想像應該是最接近我眼中所見的模樣。

我所見的每一件物品都很明亮——且是雙眼見過最明亮的色彩——如此強烈，以至於沒有任何凡人能承受這樣的光輝。

在那震撼人心的景象中，我繼續朝大門前進，心想「我真的要進去了」。親友都在眼前招呼、催促我，邀請我跟上他們的腳步。

接著，場景一變，唯一能形容的是，他們不走在我前面，而是來到我身邊。我的直覺是，當我要通過那座彩虹大門的時候，他們想走到我身旁。

曾有人問我：「你是怎麼移動的？行走嗎？漂浮嗎？」我不知道，只是隨著人們移動。當我們越靠近大門，音樂就越響亮，就像一開始只聽見微弱的聲音、遠遠地看到一切，然後走向一場輝煌的盛事。當我到達大門時，感官也變得極度敏銳，感受到無限的喜樂。

人都已經到門口了，但不知道為什麼，我竟然停住了。眼前的景象使我激動，並渴望進入，因為我知道裡面的一切絕對會比我現在所經歷的更令人興奮。就在這個時刻，我才終於有點觸摸到人心對天堂的渴望。

我在這裡，即將進入珠光閃動的天堂大門。

---

① 《聖經・啟示錄》21:21。

片刻停頓間，另一個變化產生了。我不再只是聽到那音樂和成千上萬讚美上帝的聲音，我也成了大合唱的一部分。我與他們合一，他們也接納我進入他們之中。我已來到自己長久以來嚮往的地方，因此在繼續邁步之前停了下來，佇立觀望。

然後，正如來到天堂大門時一樣突然——我離開了。

4

從天堂到地上

我雖然行過死蔭的幽谷，也不怕遭害，因為你與我同在。你的杖，你的竿，都安慰我。

——《聖經．詩篇》23:4

抵達現場的急救人員宣布我當場死亡。根據報告，車禍發生在上午十一點四十五分。急救人員立刻分頭處理現場的其他傷者，直到下午一點十五分，他們準備將我運走前，再次檢查了我的脈搏。

我仍然沒有任何生命跡象。

根據德州法律，在把我的屍體從事故現場運走之前，必須正式宣告我已死亡；否則救護車就必須先把我送到醫院。我事後才知道，事故地點所屬的郡沒有驗屍官，不過地方治安法官①也有權可以宣告死亡，然後他們就可以把我的屍體運走。

救護車從監獄、市區和亨茨維爾分別駛來，除了其中一輛，其餘的並未帶走任何傷者。最後一輛正準備離開。從我事後蒐集的資訊看來，有人安排了一輛沒有標記的車，準備把我送往殯儀館。

他們找來液壓剪，打算把我從被撞爛的車子裡弄出來。因為我已死亡，所以沒有必要十萬火急。他們關心的是如何疏通橋上的堵塞，使交通盡快恢復正常。

當卡車撞上我的車、車輪從我腦袋上方輾過去時，我的車頂被掀開、儀表板整塊掉了下來，壓碎了我的右腿；我夾在座椅和儀表板之間的左腿則有兩處粉碎性骨折。我的左手臂被往上甩，已經脫臼，向後掛在椅背上座椅，所幸還沒完全脫離身體。

我習慣用右手開車，左手則會靠在駕駛座的門上。後來才知道，那隻手主要的骨頭都不見了，左前臂只剩下一塊與手臂其他部分連在一起的肉。左腿也一樣，膝蓋以上僅剩一些肌肉組織，仍可為下面的腳踝和小腿輸送血液。大腿的股骨少了十公分，而且再也找不到。醫師無法從醫學的角度解釋，為什麼我支離破碎成這樣，體內的血液竟然沒有流光。

玻璃碎片和血跡四處飛濺，我的臉上布滿被碎玻璃戳出來的小洞。方向盤重重撞進胸口，血從我的眼睛、耳朵和鼻子裡滲出來。

光從事故現場來看，急救人員便知道我的頭部必然受到嚴重創傷，內臟很顯然地也完全變形。一位急救人員發現我沒有脈搏後，便用防水布把我蓋起來，也蓋住了車頂，畢竟他們並不打算立刻把我從車子裡弄出來或搬動我——事實上，他們也做不到，如果沒有特殊工具的協助，他們不可能把我從車子裡拖出來或抬出來。

當時，隨行的兩位獄警馬上向監獄求援，呼叫救護車。這顯然加快了現場救

① 基層司法官員之一，主要權責包括民事（例如主持宣誓和主持結婚儀式）和刑事的（例如微罪的審判、將嚴重犯罪提交上級法院審判）兩方面。

援的速度，因為其他救護車都因距離太遠，無法立刻趕到現場。

他們確認了另外兩輛轎車駕駛人的狀況，幸好都沒有受傷，也不需要急救人員的幫忙；駕駛監獄卡車的受刑人也沒有受傷。急救人員確定他沒事後，隨即將他送回了監獄。警察管制橋上交通，等待救護車到來。在這段期間，雙向車道（尤其是我所在的這一側）回堵的車陣長達數公里。由於橋面很窄，車道寬度不足以讓車子迴轉；即使可以掉頭，也必須沿著湖邊多開幾十公里的路，才能接上替代道路。

為已死的人禱告？

由於車陣回堵的緣故，迪克和安妮塔．奧尼瑞克夫婦至少步行了八百多公尺才到達事故現場。他倆在休士頓北部的克倫恩建立了一所教會，兩人也都在剛結束的那場會議中進行了演講。我不確定我們在三一松會議中心是否認真地打過招呼，應該有吧？我耳聞迪克．奧尼瑞克這個人很多年了，但那次會議是我第一次親眼見到他。

星期三上午，奧尼瑞克夫婦在我出發前的幾分鐘離開了三一松會議中心。以休士頓的天氣來說，這個一月早晨算是十分寒冷。路上，安妮塔說：「我真的很冷。能停下來喝杯咖啡嗎？會讓我暖和些。」

迪克看見利文斯頓湖畔正好有一家魚餌專賣店，他們便在那裡停車。顯然，他們買咖啡的時候，我的車正好經過那裡。

事故發生後，迪克好幾次將自己的臉埋在雙手裡說：「你知道，那次意外應該會發生在我們身上的，應該是我們。只因為我們停車買咖啡，你才會開到我們前面，所以你被撞了。」

在奧尼瑞克夫婦到達橋梁前，事故已經發生，交通也為之停擺。人們陸續下車，互相打探到底發生了什麼事，傳遞有限的訊息。

迪克和安妮塔下車後，也同樣問身邊的駕駛人：「前面發生了什麼事？」消息從前面一直傳過來，原來是發生了一起嚴重的車禍。「一輛卡車撞上了一輛小汽車」，這就是他們知道的全部。

迪克和安妮塔在原地待了幾分鐘，但情況並沒有好轉。然後，又有更多的車子加入車陣之中。大概在十二點半到十二點四十五分之間，他們決定步行前往事故現場。他們遇見一位警察，迪克問道：「我是牧師，有什麼我能幫忙的嗎？我能為誰禱告嗎？」

警察搖了搖頭：「那兩部車子裡的人，」他指著某個方向，「稍微受了一點驚嚇，但沒什麼大礙。你願意的話，可以跟他們聊聊。」

「另一輛車呢？上面蓋著帆布的那輛？」

「那輛紅色汽車裡的人已經死了。」

迪克與警察談話時，安妮塔走向另外那兩輛車，把幾乎沒喝幾口的咖啡給了一位老人。

迪克後來這樣描述當時的情況：「那一刻，上帝對我說：『你必須為紅色汽車裡的人禱告。』」迪克是一位優秀的浸信會牧師，為死者禱告顯然有違他的神學思想。「我不能這麼做！」他想：「我怎麼能為他禱告？那個人已經死了。」

這時候，大雨漸歇，轉成毛毛細雨，但迪克似乎並未注意到周遭的變化。他望著警察，知道別人也許無法接受自己接下來要說的話，然而上帝的話語如此清晰，這讓他對自己接下來要做的事毫不懷疑。上帝要他為一名死者禱告，即使這看起來有些奇怪，但迪克全然相信聖靈正在促使他採取行動。

「我想為那輛紅色汽車裡的人禱告。」迪克終於開口對警察提出請求。

「我說過他已經死了。」

「我知道這聽起來有點奇怪，但我還是想為他禱告。」

那警察盯著迪克許久，最後才說：「好吧，如果你真的要這麼做，那就去吧；但我得告訴你，那景象很可怕。他已經死了，防水布底下簡直慘不忍睹，到處都是玻璃碎片和血跡，屍體也支離破碎。」

當時四十多歲的迪克說：「我在越南當過軍醫，血對我來說不是問題。」

「別怪我沒警告你。」警察停頓了一下，聳了聳肩：「你請便吧，但我得說，你絕對沒見過比這個更糟的狀況。」

「謝謝。」迪克說著，走向那輛蓋著防水布的車。

生平最激昂的禱告

從車子被撞壞的照片來看，要進入車內幾乎是不可能的，但迪克不知用了什麼方法，爬進我的後車廂。它雖然是一輛掀背式轎車，但後車廂已經損毀。我還是被防水布蓋著，迪克也沒有移動那塊布，車子裡仍是一片漆黑。迪克爬到我背後，靠在後座上，再把他的手放在我的右肩上。

他開始為我禱告。他後來說：「我覺得有股力量催促著我禱告，我不知道那個人是誰，也不知道他是不是基督徒。我只知道上帝要我為他禱告。」

迪克禱告時，情緒變得十分激動，幾次控制不住地哭出來。接著他開始唱詩歌。迪克的聲音很宏亮，常在會眾面前唱歌。他在禱告中停頓了幾次，唱了一首讚美詩，然後又禱告。

迪克不僅相信上帝呼召他為我禱告，也特別為我能脫離腦部及身體外觀看不見的內傷禱告。

這有點奇怪，因為迪克明明知道我已經死亡。除了警察曾這樣告訴他，他也親自探了探我的脈搏。他不明白為什麼要為我禱告，除了那是上帝的要求，別無理由。他也沒有為眼前所見的外傷禱告，而是為我的內傷能獲醫治祈求。他說，這是他平生做過最熱情、最激昂，也最感人的禱告。我後來知道，迪克平時就是個感情很豐富的人。

後來，他又開始唱歌。「多少平安屢屢失去，多少痛苦白白受，皆因未將各樣事情，帶到主恩座前求……」在整起事件中，我唯一能確定的是，當迪克唱起這首名為〈耶穌恩友〉的古老讚美詩時，我也和他一起唱了起來。

恢復意識的那一刻，我注意到兩件事：第一，我在唱歌，一種與天堂音籟不同的歌。我聽見了自己的聲音；另外，我也意識到還有別人在唱。

第二件事，有人正抓住我的手。那是一種強有力的感覺，是我重返人世後，身體第一個感受到的觸覺。

過了一年多，我才明白那隻抓住我的手究竟意味著什麼。

5

從地上到醫院

他們卻羨慕一個更美的家鄉，就是在天上的。所以上帝被稱為他們的神，並不以為恥。因為他已經給他們預備了一座城。

——《聖經．希伯來書》11:16

我不知道從一輛撞爛的車子中掙脫出來的世界紀錄有多快，但迪克．奧尼瑞克在那個星期三的下午顯然打破了這個紀錄。當一個死人開始跟他一起唱歌的時候，迪克連滾帶爬地衝出已被撞爛的車子，奔向最近的緊急救護人員。

「那個人活過來了！他沒死！他還活著！」

誰會相信他？一位牧師為已經死亡一個半小時的人禱告，然後還衝過馬路、大聲叫喊：「那個人活過來了！」

急救人員全都盯著他看。

「那個人活過來了！那個死人還跟著我一起唱歌！」

迪克後來想想，覺得那些話真的很可笑，但當時的他只能使勁喊叫：「他在唱歌！他還活著！」

「這樣喔？」一位急救人員問。

「真的，那個人活過來了。」

「我們是專業人員，我們知道什麼是死人。那個人已經死了。」

「我告訴你，那個人剛剛跟我一起唱歌，他還活著。」

「驗屍官正在路上。」那人解釋，雖然他們知道我已經死亡，但在相關人員正式宣告死亡前，他們還不能移動屍體。「我只能告訴你這麼多：他死了。」那人轉身離開，拒絕走向到我的車子。

幾輛救護車來過，也離開了。

迪克走向那輛還留在現場的救護車，對駕駛說：「那個人還活著，快去看看他！」

急救人員開始露出「這到底哪裡來的笨蛋」的表情：「拜託，我們知道自己該做什麼，那個人已經……」

「你聽好！我要躺在橋上，如果你不過去，那你就直接把我壓死好了。」

「他死了。」

「就當幫我個忙，再試試他的脈搏吧。」迪克請求。

「好啦好啦，為了你，我們再檢查一次。」那人一邊碎唸，一邊走向車子，掀開帆布，俯身向車內，抓住我的右臂，他摸到了我的脈搏。

危在旦夕的生命

所有人馬上跳起來採取行動。他們思考著該怎樣才能把我從車子裡弄出來。他們可以把我從另一側移出來，但那樣的話，我的左腿就沒了，因為儀表板卡死在座位上，只能考慮截肢——反正我的腿也差不多要與身體分離了。事實上，我也不敢確定他們有沒有辦法把我的右腿弄出來，問題在於，即使他們能在不使用特殊工具的情況下把我弄出來，也無法把我的身體完整移出。

他們最後決定等待合適的工具來到。他們打電話叫人從亨茨維爾送來油壓剪，但那至少有五十公里遠。我相信他們盡了全力，但我什麼也記不得。隱約感覺到有人在我身旁走動、觸碰我，還有說話的聲音；我只聽得到聲音，卻不知道他們在說什麼。迪克不肯離開我，他回到車裡，跪在我背後，繼續為我禱告，直到油壓剪送抵現場、大家把我抬進救護車後，他才從我身旁離開。急救人員把我抬出車子的時候——至少有六、七名男性在幫忙，我聽見他們在談論我的腿。有一個人好像提醒大家要小心點，以免我的左腿掉下來。

我的肉體正在休克狀態，因此並未感覺到疼痛——至少當時沒感覺。疼痛是後來的事。

他們把我放上擔架床，推向救護車。一陣輕霧朝我的臉上飄來，除了隱約看到頭上的橋梁輪廓外，我什麼也看不見。我無法轉動頭部，卻能聽見人們走動和他們腳下玻璃碎裂的聲音。他們壓低了嗓子講話，我聽不清楚到底在說些什麼。

記得我當時在想，這裡一定發生了可怕的事，而且發生在我的身上。雖然知道他們正將我抬進救護車，但我覺得自己彷彿毫無重量。

我不記得救護車一路是怎麼開的，事後才得知，我們去了兩家醫院，但這兩家「醫院」的規模其實都跟鄉間診所差不多。

「我們無能為力。」我聽見一位醫師在檢查我後說道。「他撐不過去的，你們或許能把他活著弄出車子，但沒什麼用，他沒指望了。」

於是他們把我推回救護車，然後開走。我依稀記得他們最後把我送到亨茨維爾醫院，一家規模很大的地區醫療中心，這時差不多是下午兩點半。

那時候，相關人員已通知我的妻子伊娃。她正在學校教書，有人打電話到學校，告訴她事情經過，也有人通知我們三個孩子所在的學校。教會成員一邊幫忙把孩子們接到他們家裡代為照顧，一邊等待伊娃帶回進一步的消息。

當時沒有人知道我曾在幾個小時前過世，而在我回到人間的頭幾個小時，他們根本不清楚我的傷勢嚴重到什麼程度。儘管對我的實際情況一無所知，教會的朋友們仍開始為我的康復禱告，並通知更多人加入禱告。

伊娃也是在事故發生差不多兩星期後，才從來探望我的迪克·奧尼瑞克那裡得知我曾經死亡，也才明白當時的情況有多嚴重。此外，我們的保險業務員，同時也是南園教會的會友安·迪爾曼，也帶來了當時車身殘骸的照片，這些照片是車子從橋上運走後拍攝的。伊娃說，過了很長一段時間，她才真正意識到當時的情況有多糟。她說，也許是因為她並沒有刻意注關注事故本身，而是將所有心思放在應付當下需要立即處理的事情上。

後來，我們的孩子、其他家人和朋友們開始把事故時的情況一點一點拼湊起來，才發現那場車禍何等嚴重，而我的生命當時又是如何危在旦夕。

模糊的生死交界

其中一位急救人員對我說：「我們到了，你會沒事的。」

我意識到自己被推進了醫院，茫然地看著一大群人急忙讓出通道，並看著承載著我的輪床從他們身邊滑過。許多張臉孔低頭看著我，當輪床前進時，他們的目光一一在瞬間相遇。

我被帶進一個房間，那裡有一位醫師正等著我。奇怪的是，關於他，我唯一記得的是他的禿頭。他花了好長一段時間為我檢查，然後說：「派普先生，我們會盡全力救你。」他一定說了三次吧，「你傷得很重，非常重，但我們會盡一切努力。」

話是這麼說，但我後來了解到，他當下其實並沒有把握我能活下來，卻還是盡力讓我產生希望，並要我堅強地為生存而戰。好幾個人在我身旁走動，顯然他們正努力搶救我的生命，但我仍然感覺不到疼痛。

我彷彿活在某種生死交界的狀態下，沒有感覺，對於周遭進行中的事物僅有一絲模糊的記憶。

「你太太在線上。」有人對我說。他們把伊娃的來電轉接進急診室，一位護理師把聽筒放在我耳旁，記憶中我跟伊娃說了話，至於說了什麼，我一個字也記不得。

伊娃倒是還記得整段談話——我說的唯一一句話是：「很抱歉發生了這種事。」

「沒關係，唐，這不是你的錯。」

一遍又一遍，我像個孩子般不斷重複著：「我很抱歉。我想回家，請帶我回家。」我想，當時的我覺得，如果不能待在天上的家，至少要回到塵世的家。

遍及全身的錐心之痛

此時的我還算清醒，知道他們要用急救直升機把我送到休士頓荷爾曼醫院的創傷中心，但天氣太惡劣，雲層太低，直升機無法起飛。

我的情況正急速惡化，醫師也不確定我能否撐過那個下午。儘管如此，他們還是做出了重大決定：將我抬回救護車、開將近一百三十公里的路去休士頓。因為他們沒有足夠的設備救我，荷爾曼醫院則是唯一能給予一線生機的地方。

他們找來了一輛嶄新的救護車。神奇的是，儘管我當時命懸一線，仍能感覺到那輛新車的味道，尤其是全新的烤漆。

「你是我們的第一位患者。」車子開動時，隨車醫護人員對我說。

「什麼？」

「你是乘坐這輛救護車的第一位患者。」他說：「我們要把你送去休士頓，而且要很快。」

「我們要開多快？」司機問我身邊的醫護人員。

「以你最快的速度。」

「那是多快？」司機又問。

「油門踩到底！我們得馬上到，最好立刻就到！」

在我們出發往休士頓前，我依然沒有任何痛覺。徘徊在昏迷和知覺之間的我感受不到自己的重量，覺得思考似乎跟身體失去了聯繫。然而，在上路後約莫十分鐘左右，一陣輕微的抽痛來臨。最初是左臂微微的痛楚，接著左腿開始抽痛，頭也痛了起來。不出幾分鐘，我感覺到全身都在疼痛，分不清到底是哪裡痛。我在全身極度痛苦的情況下呻吟、喊叫，希望能稍微減輕痛苦。創傷的力道侵蝕了我的全身，彷彿身體的每個部分都遭到重擊，我想不出身上哪一處沒讓我感受到錐心之痛。我猜自己一定有哭出來，但我不確定。每一次心跳都像是一把大錘，錘打著身體的每個部分。

「幫幫我！拜託！」我終於開口求救。我只記得我說：「藥，一點點也好……。」

「我盡力了。」

「真的嗎？」他的話完全沒道理。如果他們已經幫我止痛，為什麼我還會覺得這麼痛？「拜託……。」我再次懇求。

「我不能讓你失去知覺。」那位醫護人員說：「你得醒著。」

「拜託！一點就好……。」

我不知道自己為什麼必須保持清醒，但如果他們把我弄昏，就不會覺得痛了。

「抱歉。真的很抱歉，但我不能給你更多止痛藥，用在你身上的劑量夠多了，足以讓大多數人昏睡過去。雖然你很高大，但我絕對不能讓你昏過去。」

「拜託。」我再次乞求。

接下來，在那段折磨人的路程中，我必定一路哭喊呻吟，甚至大叫了不知多少次。救護車顛簸地穿梭在車流中，一路作響的鳴笛聲不曾停歇。這是我一生中最痛苦、簡直如惡夢般的路程。

直到現在，每當我閉上雙眼，仍能感覺到行駛在路肩的救護車轉彎時如何震動和顛簸。其中一位急救人員似乎說「因為是交通尖峰時間，車流量開始變大」，我猜那時候應該是下午五點左右。我突然驚覺，時間竟然過得那麼快。

這段路途彷彿漫長得永無止境，途中我有好幾次痛昏過去。最後，我們終於來到休士頓荷爾曼醫院的急診室。

此時已是下午六點二十分，距離車禍發生已經六個半小時。

在我抵達休士頓的醫院時，已有幾千人在為我禱告。他們把消息散播出去，上百間教會的會友們開始為我的康復禱告。在接下來的幾天裡，有關我傷勢的消息逐漸傳開，更多人加入禱告。這些年來，我遇到許多曾向上帝禱告醫治我生命的人；正在閱讀本書的讀者裡，也有不少曾為我的生命得救和康復禱告過。我只想說，那些禱告是有果效的：我活了下來，至今仍活得好好的。

歷經十一個小時的手術

當急救人員把我抬出救護車時，我看見伊娃的臉，她身邊是我們教會的一位執事。我的樣子想必很可憐，因為我覺得他們好像在看著一隻迷路的小狗。他們很驚訝，目瞪口呆，卻什麼也沒說。

伊娃一直看著我。直到那一刻，我仍只是模糊地記得自己的身體遭受了什麼。疼痛沒有減輕，而我仍未意識到出了車禍，也沒想到自己生命垂危。

我望著她的臉，看見她眼底深刻的痛苦。伊娃也許對我說了什麼安慰的話，我不知道。只記得自己感受到她的痛苦，以及怕我無法活下來的恐懼。

就在那時，我意識到自己的情況一定糟透了——事實上的確如此。我的胸口已經變成紫色，醫護人員幾乎將我整個身體纏滿繃帶。臉部、胸部、頭部，到處布滿碎玻璃，我能感覺到細小的碎片從皮膚上掉下來，散落在頭部兩側。

用不著別人告訴我的樣子有多嚇人。就算是認識的人，也絕對沒人認得出我——我很好奇伊娃是怎麼認出來的。

我的疼痛已無法測量。在創傷中心裡，一位護理師給了我一劑嗎啡，接著又打了幾針，但全都沒用，沒有東西能減輕疼痛。

抵達荷爾曼醫院後不久，我被送進手術室。在那裡，我足足待了十一個小時。多虧全身麻醉，我終於不再感到疼痛。

這一夜，我們親愛的朋友克里夫．麥克阿德一直陪在伊娃身邊——我、克里夫，以及我最好的朋友大衛．金泰爾一起從神學院畢業後，就一直是教會事工上的朋友，直到現在仍非常親近。

當我再次清醒時，已是星期四的早晨。睜開眼睛的那一刻，不知為什麼，我知道自己是新成立的加護病房的第一位患者。一位護理師正在清洗我的傷口，另一位則在幫我做牽引治療。我感覺得到她正在我的膝蓋和手臂之間放上金屬棒，我也聽見了自己的叫喊。

「我們已經幫你做了磁振造影。」醫師說。直到那時候，我才意識到他在病房裡。

「你傷得很重。但有個好消息，你的頭部和胸腔都沒有受傷。」

只是那一刻，我並不關心自己傷到了哪裡，因為陣陣抽痛蔓延了全身，超過我所能想像和承受的。

我只想解脫。

上帝回應了他的禱告

車禍發生兩週後，迪克．奧尼瑞克來醫院探望我，當時我剛從加護病房轉到普通病房。他提到，當時上帝感動他為我禱告，他也確實為我禱告了幾分鐘的過程。

「最幸運的是，我的頭部沒有外傷和內傷。」我說。

迪克輕聲笑了：「當然啊，上帝就是要我這樣為你禱告的，而祂也回應了這禱告。」

「你相信嗎？你相信上帝應允你的禱告嗎？」

「是的，我相信。」他說：「雖然你受了很重的傷，但我知道上帝會回應我的禱告。」

我花了幾秒鐘才明白他的意思。從撞擊的力道和強度來看，我應該會受到內傷，但事實上，連醫師也驚訝地說我的頭部和胸腔沒有受傷。

「我跟你說……」我告訴迪克：「我知道我受了內傷，但是從那座橋到醫院的這段路上，我的內傷消失了。」

迪克的眼淚順著臉頰流了下來。他說：「是的。我希望自己的禱告能一直像那次那般專心、富有熱情。」

6

踏上復原之路

我們若照他的旨意求什麼，他就聽我們。這是我們向他所存坦然無懼的心。既然知道他聽我們一切所求的，就知道我們所求於他的無不得著。

——《聖經．約翰壹書》5:14-15

疼痛成了我形影不離的朋友，有很長一段時間，我完全不知道「不痛」是什麼感覺。

儘管如此，事故發生後的幾天內，我開始意識到其中發生了許多神蹟。也許有人把這些事看成純粹的幸運，但我視它們為神蹟，因為我相信，在上帝眼中是沒有偶然和意外可言的。

首先，我當時繫上了安全帶。不得不羞愧地承認，在收到罰單前，我從不繫安全帶；但那天早上，我刻意繫上了安全帶。

第二，事故發生在橋上。如果事故發生在和橋連接的那條跨湖高速公路上，會怎麼樣呢？我的車想必會掉進至少十公尺深的湖裡，我也早就淹死了。

第三，我的頭部沒有受傷。每個探望過我或看過我病歷的人都說，頭部沒受傷真是不可思議（連伊娃都開玩笑說，有時她也不敢確定我的頭是不是真的沒受傷）。而同樣令所有醫護人員不解的是，這次事故竟然沒有造成內臟損傷，醫學很顯然無法解釋這一點。

第四，當天在荷爾曼醫院值班的骨科醫師湯姆．格雷德救了我的腿。格雷德醫師「恰好」是全美極少數能處理這種奇特病例的醫師之一。他在我身上使用一種叫做「骨痂延長術」[1]的方法（在當時仍是很新的療法），並在事故發生一星期後為我動手術。

裝上骨骼外固定器不僅救回了我的腿，並讓我的左股骨在消失十公分後，還有機會變長一點。股骨是人體中最大的骨頭，一般來說不容易碎裂。

格雷德醫師為我進行檢查時，面臨了一個抉擇：他可以使用骨骼外固定器，或是截肢。

即使他選擇骨骼外固定器，也無法確定我一定能保住那條腿；事實上，他根本不確定我能活下來。要是換成經驗較不足或較不積極的醫師，可能就會選擇截肢，因為他很可能認定我早晚會死，用哪種方法其實都沒差。

第五，許多人在為我禱告。我收到數千張卡片、信件和禱告卡，其中有許多人與我素不相識，信件更來自我從未到過的地方。他們為我禱告，是因為他們聽說了這場意外。我事後得知，這次經歷改變了他們的禱告生活，使他們更加相信禱告的力量。

在被送進荷爾曼創傷中心的那晚，我接受了長達十一個小時的手術。

在手術過程中，右腿的斷骨被接上、左前臂被固定——因為每根骨頭都少了

①該技術由蘇聯外科醫師加夫里爾·伊利沙洛夫發明，利用環狀骨骼外固定器及牽引鋼針移動並固定骨骼、促使骨折癒合。

五公分。醫師在我的左腿上加了牽引架，因為我的股骨少了十公分。手術中，有一根呼吸管誤塞進我的胃，使我的胃膨脹起來，肺部卻幾乎因此塌陷。他們花了好幾天才弄清楚胃脹的原因。更因為我的上半身無法抬高，使得呼吸變得更糟，還感染了肺炎——我差點又死了。

由於身上到處都是傷，而且有些顯然非常嚴重，醫師幾乎不知道該從哪裡開始處理才好。幾週後，有些剛開始並不嚴重的問題變得明顯。直到幾年後，他們才發現了當初被忽略的骨盆骨折。

我躺在病床上，身上到處都是針頭和維生設備。我無法動彈，也幾乎看不到氧氣罩以外的東西。在加護病房的大多數日子裡，我時而昏迷，時而清醒。有時我醒來，看到人們站在床邊，心想：我是真的在這裡呢，或者一切只是一場夢？

我周圍都是監測儀器，指頭上還套著血氧計，以偵測我的血氧濃度。由於身體裡的氧氣不足，警報器經常嗶嗶作響，護理師一聽到就會趕緊衝進來。

荷爾曼醫院的加護病房靠近停機坪，直升機隨時起降。醒著的時候，我會覺得自己彷彿置身在一部越戰影片。由於房間裡沒有時鐘，我完全沒有時間概念。

隔壁床有其他病人，彼此之間通常只有一簾之隔。我不只一次看見勤務人員把輪床推出去，上面是一具蓋著布的遺體。身為牧師，我知道有很多人無法活著走出加護病房。

下一個會不會就是我？我常常問自己。

雖然有這樣的疑問，身體的疼痛卻使我無法專注於這件事。我只希望不再痛苦，死亡，似乎是最快的解決方式。

我經歷了天堂，現在返回人間，並體驗最接近地獄的痛苦。很顯然，我的狀況和態度都要很長一段時間才會改變。

夢魘般的呻吟日夜不絕於耳，夢囈、叫喊、哭號的聲音經常擾亂我的休息，使我驚醒。這時，護理師會走近我的床邊，問：「你需要幫忙嗎？」

「你是指什麼？」有時我會這麼問，但有時我只是盯著她，不知道她為什麼會這麼說。

「你聽起來似乎很痛苦。」

是的。我想我的確是。接著我會反問：「你怎麼知道的？」

「因為你在大叫。」

這時我才意識到，我聽到的哭叫有時其實是我自己發出的。那些呻吟和叫聲，其實是我試圖做一些簡單動作（例如挪動手腳）時忍不住發出的。住在加護病房真是可怕，醫護人員都盡了力，但痛苦彷彿永遠不會減輕。

「上帝啊，我回來就是為了忍受這些嗎？」我好幾次忍不住大聲呼喊：「祢讓我回到人間是為了這些嗎？」

撐過了意外，卻將死於肺炎？

我的情況持續惡化。由於我的左腿少了一段骨頭，不得不躺平（那段骨頭後來並未尋獲，顯然當我的腿被儀表板撞斷時，它從車子裡飛出去掉進湖裡了）；也因為我不得不躺平，肺部積滿了液體。呼吸治療師和護理師當時並未意識到我的肺已經塌陷，還強迫我用肺計量器[2]練習呼吸，以改善肺活量。

第六天，我幾乎快死了，醫院連絡家人前來探視。我的肺炎變本加厲，醫師認為我活不過那天晚上。

我撐過了那些外傷，現在卻要死於肺炎。

「我們必須採取一些措施。」醫師對伊娃說：「我們如果不截掉他的腿，就必須採取更激進的措施。」

「多激進？」

「再這樣下去，你的丈夫活不過這個晚上。」

就在那時，禱告的神蹟開始彰顯出來。我知道，自從這起事故發生後，數以百計的人們一直在為我禱告。但目前為止，情況似乎沒有什麼改變。

伊娃打電話給我最好的朋友——在聖安東尼奧擔任牧師的大衛．金泰爾：「請你來醫院看看唐吧，他需要你。」

沒有任何猶豫，我的朋友取消了所有行程、跳進車裡，開了三百多公里的路來看我。加護病房的護師理允許他進入，但只能停留五分鐘。

那幾分鐘改變了我的生命。

②體積輕巧，可放在掌上（或手持）進行的呼吸訓練器，本體內有活塞（或浮球）和浮標，並連接呼吸管、咬嘴等裝置，可保持肺部有效擴張，改善肺活量，同時促進呼吸道痰液排除，避免肺部感染等合併症。

我已準備好面對死亡

我從未有意識地做出這個決定，但當我躺在那裡，認定康復的機會渺茫——沒有任何人說我會恢復正常——在這種情況下，我真的不想活了。不只是因為我得面對持續不減的疼痛考驗，也因為我去過天堂。我多想回到那完美的榮耀之地。「帶我回去吧，主啊！」我禱告：「請帶我回去。」

腦中滿是關於天堂回憶，我渴望再一次來到那扇門前。「求求祢，主啊！」

但上帝對我禱告的答覆是：「不！」

當大衛走進病房時，我已經被疼痛和藥物弄得神智不清了。我不得不先確定他是真實存在的。「這是我的幻覺嗎？」我自問。

就在這時，大衛抓住了我的手指，我能感覺到他的溫度。是的，真的是他。

他緊緊握住我的手指（這也是他唯一能抓住的）。我的靜脈因多次注射變得難以下針，於是護理師在我身上裝了一條管子，經過胸腔，直接連到心臟。我曾把那些靜脈注射管比喻為排列整齊的士兵——連我的腳背靜脈上都有。我往下看著這些針頭，才發現他們之所以連我的腳背都不放過，是因為我身上已沒有其他地方可下針了。

「你會撐過來的！」大衛說：「你一定要堅持。你已經堅持到現在了。」

「我沒有必要這麼做。我不知道……我……我不知道自己是不是想這麼做。」

「你必須這麼做。即使不為你自己，也要為了我們堅持下去。」

「我快沒力了。」我說：「我已經盡力，再也沒辦法給出什麼了。」我停頓一下，喘幾口氣，因為即使只說兩句話，也會耗掉我大量精力。

「你得撐下去。我們不會讓你走的。」

「就算我做得到，也是因為你們要我這麼做。我不想繼續下去了。我很累。我已經竭盡全力，也準備好面對死亡。」

「不，你什麼都不用做，我們會幫你做的。」

我不明白他的意思，只能看著他嚴肅的表情。

「我們不會讓你死的。你懂吧？唐，我們不會讓你放棄的。」

「讓我走吧……。」

「不，你會活下來的。聽到沒有？你會活下來的。我們不會讓你死。」

「就算我活下來……」最後我說：「那是因為你要我這麼做。」

「我們要來禱告！」他說。當然，我知道人們已在為我禱告，但他接著又說：「我們會整夜為你禱告，並打電話給所有我認識能禱告的人。我想讓你知道，這些關心你的人正徹夜守望著你。」

「好吧。」

「我們會搞定的，唐。你不需要做任何事。」

我真的不在乎他們是否為我禱告。我受的傷太重了，我不想活下去。

「現在開始，我們來接手。你不需要做任何事——什麼都不用做——就能活下來。你唯一要做的就是躺著別動，讓一切自然發生吧。我們會用禱告來幫你度過這一關。」

他輕聲對我說了一、兩分鐘的話，我沒有再說什麼。疼痛加劇了——如果還有餘地加劇的話——對於他接下來所說的，我已無法專注聆聽。

「我們會搞定。」大衛輕吻我的額頭，然後離開。

接下來是整夜的守望禱告。那次守望成為我後來治療及一連串神蹟的轉捩點。

第二天，我的肺炎消失了，是他們的禱告將它趕走的。醫護人員也發現呼吸管放錯位置了。

第七天，格雷德醫師又為我進行了一次長時間手術，安裝骨骼外固定器，讓我能坐起來接受呼吸治療，還消除了我胃裡的脹氣。這樣一來，我的肺就有擴展的空間。

一般來說，醫院需要事先進行六個月的審核，才能批准安裝骨骼外固定器。就我的情況而言，醫師無法向伊娃保證這種療法是否奏效。他們也告訴她，使用骨骼外固定器會引起劇烈的身體疼痛、造成極大的情緒困擾與心理壓力。更糟的是，他們警告，即使經歷了這一切，我還是有可能失去我的腿。

「這是十分痛苦的，需要好幾個月、甚至好幾年的時間才能恢復。」外科醫師對伊娃說，再一次提醒她最壞的結果——我還是有可能失去我的腿。

「只是，除此之外，我們根本沒有別的選擇，只能截肢。」

他平靜地說明，截肢後會為我安裝一副義肢，而我必須學會用義肢走路。伊娃完全明白我受傷的程度，以及我可能需要長時間承受莫大的痛苦。她的思考在幾分鐘內掙扎於各種利弊得失之間，然後她靜靜禱告，祈求上帝的引領。

「我會簽同意書。」最後她說。

要保住大腿，只能打上鋼針

再次經歷長達十二小時手術後的隔天早上，我醒來，看見被子底下左腿的位置有個巨大的隆起。掀開被子，眼前所見幾乎讓我忘記呼吸——左腿上有個很大的不鏽鋼環，長度從臀部一直到膝蓋下方。一位護理師走進來，開始在我的腿上忙碌起來，但我不知道她做了什麼。

這時我才意識到，伊娃正坐在床邊。

「怎麼了？」

我問：「她在做什麼？」

「我得跟你談談。」她說：「這是一個能幫助你長骨頭的裝置，我昨天同意的。我們叫它固定器。這也是醫師要保住你左腿的唯一方法。」她說：「我相信值得冒這個險。」

我不記得自己是否回應了她什麼。有什麼好說的？她做了所能做的最好決定，而且是被迫獨自決定。

就在此時，我看見連接在設裝置上的鋼針。「這些鋼針穿過了我的腿？」

「是的。」

我不解地搖了搖頭。「它們穿過了我的腿？」

「這是一種新技術。他們想保住你的腿。」

我不知該說些什麼，只是點了點頭，想盡可能放鬆點。

「我相信行得通。」她接著說。

但願她說得對。但我完全沒想到，將近一年後，我還是得這樣盯著這東西看。

7

決定和挑戰

誰能使我們與基督的愛隔絕呢？難道是患難麼，是困苦麼，是逼迫麼，是飢餓麼，是赤身露體麼，是危險麼，是刀劍麼？（如經上所記，我們為你的緣故，終日被殺。人看我們如將宰的羊。）

——《聖經．羅馬書》8:35-36

對我來說，除了肉體的疼痛，最難面對的就是家人親友的反應。我的父母住在距離休士頓約四百公里的路易斯安納州，但他們在我第一次手術的隔天就趕到了。母親是位堅強的女性，我一直以為她能應付任何事，但當她走進加護病房看到我的時候，還是昏了過去，父親不得不扶著她離開病房。

母親的反應，使我意識到自己看起來有多可憐。

事故發生後的頭幾天裡，大部分的事情對我而言都很模糊。我不確定是否真的有人來探望我，或者只是幻覺——伊娃和護理師說，我有時會處在神智不清的狀態裡。

醫院允許訪客探視，每天都可以，但有人數限制。雖然探病者沒說什麼，但我從他們憂傷、憐憫的眼神中，可以清楚知道他們的感受；我這樣說，是因為我察覺到他們是如何看我的——但現在回想起來，我可能錯了。或許是當時我認定自己一定會死，我也確實想死，以至於我把自己的感受當成別人的反應。

無論是對是錯，當時的我覺得他們看到的是一具殘缺的軀體，而不是一個活生生的人；儘管他們口中說著鼓勵和安慰的話語，但心裡也想著我隨時會死。我甚至覺得他們是為了見我最後一面才來的。

深呼吸！不做就死定了

儘管我的肺炎已經痊癒，還是需要繼續治療後遺症。護理師每隔四小時就會對我進行呼吸治療。她們拍打我的胸腔，迫使我透過一只塑膠口鼻罩吸入一種氣味難聞、味道怪異的東西，據說它能在我的肺部形成保護膜，使肺炎不再復發，並讓肺部得以恢復。

那段時間，每當我醒來、看到護理師走近我，心裡便會大叫：「喔，不，又來了！她們又要我吸那個東西，又要來拍打我，企圖幫我排痰。」雖然這個療程很痛苦，效果卻很不錯。荷爾曼醫院創傷小組的組長霍慶斯醫師每天會來巡房，他對待病患並不溫和，卻以不願失去任何一位病人的堅決態度彌補了這一點。

他要求我吸氣。「不要停，不要放棄，繼續試。」雖然我傷得很重，但他的話讓我覺得他正站在我身邊，與我並肩作戰。「別放棄，繼續努力。」

我常因為沒力氣而停下來。

此時，我會看見他露出失望的表情，甚至變成惱怒：「你沒聽到我的話嗎？現在！吸氣，咳嗽，快點！」

我搖搖頭，沒力氣再繼續了。

「沒得商量，你現在就得做！深呼吸！」

「我沒辦法。」

「好啊，不做就不做。你死定了。你不做就會死，懂嗎？」

我本來就不想活，但是當他對我這樣大喊時，顯然有什麼改變了我。

我乖乖開始吸氣。

不久後，醫護人員開始想辦法抬高我的腿，這樣我就能坐起來了。光坐起來就已經是很大的進步，因為我本來以為自己再也無法側躺或俯臥。

溫柔教練的餵食

有一次，當時我還在加護病房，發現只要睜開眼睛眨眨眼，不出幾秒便有人把盛滿食物的湯匙送到嘴邊。

「張嘴。」

是男性的聲音。

我睜開眼睛看著他。手拿湯匙的是一名身材魁梧的男子。他微微掀開氧氣面罩，輕輕把湯匙放進我嘴裡。「對了，就這樣吃。」

我順從地嚥了下去，仍顯得恍惚的神智也開始試圖弄清楚到底發生了什麼事。

我慢慢意識到，這是史丹．莫爾丁的聲音。他是阿爾文中學美式足球隊——黃蜂隊的首席教練和體育組組長。在我治療期間，女兒就是住在史丹和蘇珊家裡，並和他們的兩個孩子一起生活。莫爾丁教練聽說我不願進食，體重以危險的速度下降（當時我的體重其實才掉了幾公斤，但在住院的最初六週內，我瘦了二十多公斤），於是他在百忙中抽空來到醫院，不只探望我，還從護理師那邊接過我該吃的東西，然後一直坐在床邊等我醒來。

看到我完全清醒後，史丹就開始餵食，並對我說話；至於我，一邊盡力咀嚼，一邊聽他說話。在復原的那段日子裡，這個大塊頭溫柔和無私的付出，是我所經歷最感人的事蹟之一。史丹是個集力量與溫柔於一身的傑出人才。

打了三十個洞的左腿

前面提到了骨骼外固定器，聽起來好像是種很普通的療法，事實上並非如此。伊娃必須做一個不該由任何人單獨做的決定，讓我使用這種仍在試驗階段的療法。

這種儀器本來是用來把腿拉長的，好幫助那些天生長短腳的患者（有些患者的雙腿長度差距甚至有三十公分），以及必須依靠輪椅、輔助器或拐杖生活的人。骨骼外固定器會強迫腿骨生長，同時保持周遭的組織無損。身體可以在骨骼外固定器的機械動力作用下長出新的骨頭、填補縫隙。

這種骨骼生長裝置就是所謂的骨骼外固定器，是一位名叫伊利沙諾夫的西伯利亞醫師發明的。

伊利沙諾夫醫師在羊的身上進行試驗，發明了這種使斷骨再生或使先天較短的骨骼增長的方法。對於像我這樣失去一塊骨頭的人，這項治療需要先將骨骼完全切斷，把像鋼琴弦一樣粗的鋼針埋進皮膚和骨頭裡，並從另一端把它們拉出來。

大腿骨的骨骼外固定器以長得像鉛筆的桿子固定在臀部。醫師在我身上鑽洞，從鼠蹊部到臀部側面，好讓四根固定桿能穿過去並固定住。手術過後，我的左腿至少打了三十個洞，其中有很多是完全貫穿腿部的；大一點的洞還會直接穿過肌肉，固定桿則嵌入骨盆。手術完六個月後，我還能從孔洞看見大腿內部。

每天都會有人（通常是護理師）來轉動骨骼外固定器上的螺帽，好讓骨頭可以延長。在我從醫院返家後，這項工作就落在伊娃身上。花了將近一年的時間，我的左股骨從原來斷骨的基礎上重新長出來，補足原本不見的部分。雖然我必須忍受強烈的疼痛，而且復原期既艱苦又漫長，但這真是一項非常奇妙的裝置，我稱它為「醜陋的美妙」。

我的樣子，讓其他病人不那麼悲慘

我的左手臂也一樣，從上到下插入六根桿子。由於左前臂的兩根骨頭都沒了，因此在手臂的上下端用較粗的不鏽鋼條固定。桿子的大小也跟鉛筆差不多，格雷德醫師取出我右骨盆的部分骨骼，移植到左前臂。醫師解釋，這有點像是開採石油時的鑽井採樣。此外，他們也從我的右腿取了兩百多平方公分的皮膚，移植到左臂。接著在我前臂新長的骨頭間埋了一片鐵氟龍板，以防止新長出來的骨頭互相沾黏。

可惜的是，這片鐵氟龍板對我來說沒什麼效果——骨頭雖然長得不錯，但還是黏在一起了，因此我的左臂無法往外或外內旋轉——我的手肘無法伸直，手掌也無法上下翻轉自如。當我伸出手臂，它看起來總是準備要跟別人握手似的，也無法向左或向右彎曲。我知道這些治療看起來有夠粗魯，不像印象中講求精細的外科手術，當時我的感覺也是如此，但就像骨骼外固定器，它確實奏效。

是的，骨骼外固定器發揮了作用，但這也是整個治療過程中最痛苦的部分。

埋在大腿裡的不鏽鋼骨骼外固定器重約十三公斤，手臂裡也有近十公斤重。無論我是坐輪椅（大概八個月）、用四腳助行器（約三個月），或是最後階段用拐杖（約四個月）——差不多有一年的時間，我都得背負這額外的重量。

你能想像，凡是自己所到之處，人們都用異樣眼光看著你是什麼感覺嗎？看到輪椅上的人全身到處插滿一大截鋼管，人們都驚訝得目瞪口呆。

每當我坐著輪椅到格雷德醫師的診間接受例行檢查時，其他病人的反應幾乎都是一樣的：儘管他們要不就是打了石膏，要不就是戴著固定用的金屬支架，或是拄著拐杖，但幾乎所有人都忍不住以驚異的眼光看著我，包括那些金屬桿與不鏽鋼環。而且也毫無例外，總有人嘲諷地說：「哇，我還以為我是最慘的！」有時還會補上一句：「看到你的樣子，我感覺好多了。」有很長一段時間，我成了判定受傷程度的量尺。

我常跟別人這樣開玩笑：許多年後，如果考古學家發現了我的屍體，身上的「金屬零件」一定會讓他們以為自己找到了新物種，因為我身體的架構已經完全重組過了！

我到底還要忍受多久？

從那時起，我再也無法把簡單的身體動作視為理所當然。復原期間，即使是最小的肢體動作，也成了一項奇蹟；每當我重新學會一個動作，就覺得自己彷彿完成了一項大工程。

後來我才知道，格雷德醫師費了極大的努力，才找到這能保住我的腿和手臂的方法。我一輩子都會感激他沒有放棄我和我的未來。

我的右膝當時也被壓碎，所以我不得不用石膏固定很長一段時間。他們在我膝蓋周圍放置了一只小網籃，好幫助傷口癒合。我的右臂，是四肢中唯一沒有斷裂的。

骨骼外固定器的成功並沒有減輕我的疼痛，連一分鐘也沒有。

我不知道自己問過多少次「還要多久？」之類的問題。我很想知道自己還要忍受它們多久時間？還要多久才能判斷它們是否有效？還要多久，我才能再次站立行走？

沒有人願意或能夠給我一個答案，但我還是不停地問。

「幾個月吧。」通常他們會這麼說。

「到底幾個月？」我繼續追問。

有一位醫師被我逼急了，最後對我說：「需要很多個月，也許更長。」

「你是說，有可能要好幾年？」

「是的，也許要幾年。」

「即使這樣也無法保證我能保住四肢，是嗎？」

「無法保證。如果突然發生感染，到時就候就只能截掉你的腿了。」

「你是說，我這樣忍耐了幾個月之後，還是有可能會失去我的腿？」他點點頭。

這顯然不是我想聽到的答案。雖然伊娃也說過一樣的話，但我不願意相信這個事實。我不斷希望能得到一個保證：保證我可以完全康復。

我想要一個答案，或許更想得到一個保證，一個我能痊癒的保證。我希望能恢復到以前的樣子，希望能用自己的雙腿走出醫院、回復以前的生活。但是沒有人願意或能夠給我那些保證。

經過好幾個月，終於有一天，我真的能走著回到那家醫院，並擁抱所有護理師。

在我接受骨痂延長術治療的那幾個月裡，還遭遇了其他問題。我感染了好幾次，每次感染都迫使我面對一個現實：感染有可能擴及全身，導致我再次醒來後，發現自己失去了左腿。

即使出院後，我也發生過幾次感染，其中有三次不得不再次入院，住進隔離病房，使用大量抗生素來控制感染症狀。

那時候有好幾個晚上我都會向上帝禱告：「主啊，求祢把我帶回天堂吧。我不知道祢為何要讓我回到地上，拜託不要把我留在這裡。」

面對我的禱告，上帝仍舊給了否定的回答。

我還是不知道祂這樣做的所有理由，不過在接下來的時日裡，我多少了解了部分原因。

上帝用了許多人來救我

我已踏上復原之路。當我日復一日躺在病床時，漸漸明白上帝把我差回人間的用意。儘管不明白自己為什麼必須承受如此強烈的肉體折磨，但我不斷想著大衛・金泰爾說過的話。他說他和其他人為了讓我活下來，大聲呼求禱告，而上帝應允了他們，因此我之所以活著，必然有其目的。

在極度痛苦的日子裡，我一直記著大衛的話；有時甚至覺得自己完全是靠「上帝讓我活著必然有其目的」的想法撐過來的。

我在荷爾曼醫院的加護病房住了十二天，然後又在普通病房住了四、五天。後來他們把我轉到同一條街上的聖路加醫院。這兩家醫院都是全球規模最大的醫療中心之一。我在聖路加醫院共住了一百零五天；回家後，又在床上躺了十三個月，並經歷三十四次手術。毫無疑問的，我還活著，是因為人們為我禱告，先是迪克．奧尼瑞克，然後是全國各地的許多人，其中有許多人是我未曾謀面的。

那或許就是最大的奇蹟：人們禱告，而上帝應允了。

當我回顧這個過程，我看見上帝使用許多人來救我。迪克．奧尼瑞克以持續的禱告救了我；格雷德醫師幫助我度過最初的手術，救回我的手和腳；手術後，霍慶斯醫師以無比的堅決救了我的命；聖路加醫院骨科勇敢的護理師們不分晝夜照料我。他們每一個人都在我的治療中扮演了重要的角色。

我把能活著離開加護病房歸功於大衛．金泰爾與其他人為我所做的代禱。「從現在開始，我們來接手。你不需要做任何事——什麼都不用做——就能活下來。我們會用禱告來幫你度過這一關。」

我知道我不會死。

上帝的子民不會讓我死。

8

痛苦和調整

你不要害怕，因為我與你同在。不要驚惶，因為我是你的上帝。我必堅固你，我必幫助你，我必用我公義的右手扶持你。

——《聖經・以賽亞書》41:10

或許大家並沒有意識到，事實上探望者讓我的情況變得更糟。大家來醫院探病、表達對我的關心，這是再自然不過的事。但問題就出在這裡。人們不斷在病房進出，使我筋疲力盡。因為我不能只是躺在那裡，讓他們坐在一邊跟我說話；我覺得自己需要盡點牧師的職責，或有招待他們的義務。我並不想因為請他們離開或不希望他們來而傷害任何人的感情。

有好幾次我幾乎撐不住，卻仍得強打精神跟他們聊天。有時劇烈的疼痛使我無法好好招呼訪客，但我還是努力讓自己看起來親切有禮。我不斷提醒自己，他們是因為關心我，才會花那麼多時間和精力來看我。

朋友、親戚和教會的會友，感覺就像一條長長的線，從醫院的大門一直延伸到我的病房。某天下午，伊娃走進病房，突然意識到這些訪客對我而言是很嚴重的打擾，她責怪我不該任憑這種狀況持續下去。

她或許也想到我不會主動叫大家別來，於是她請護理師出面，減少獲准進入病房的訪客數量。這個方法雖然沒能阻止所有的人來看我，但確實減少了進出病房的人數。

除了疼痛和進出病房的訪客，我也活在憂鬱之中。大部分是由於身體創傷自然造成的，另一部分則可能是我對許多藥物的反應，總之，我相信自己面對的是一個未知的結果，而且疼痛未曾減輕，所以我認為自己沒希望了。常常覺得活著沒意思。

為什麼我要從一個完美的天堂被帶回地上，活得如此煎熬？不管我盡多大的努力，都無法再享受生活：我想回到天堂。

事故發生後，痛苦就幾乎成了我的生活模式，我相信對許多人來說也是如此。我無法相信，竟有人能學會接受這樣的事實。即使是現在，當我偶爾一夜好眠，醒來後會突然發現身體沒有任何地方疼痛；但緊接著，就會馬上想到這一天還有二十三小時五十五分鐘，都得持續活在疼痛中。

拒絕和精神科醫師或任何人聊

我花了一段時間才意識到，這種狀態如何長期影響情緒。我禱告了，別人也為我禱告，但絕望感還是牢牢占據心頭。「這一切真的值得嗎？」我每天都會問好幾次這樣的問題。

醫師和護理師一直想以藥物減輕我的憂鬱，但我拒絕了。我也不知道自己為何拒絕，可能是因為體內的藥物已經夠多了，我不想再增加，也覺得就算吃再多藥也沒有什麼用。

我多想擺脫這種悲慘的生活，一了百了。很顯然的，我完全沒有準備好應付意外帶來的巨大變化。

我現在知道，當時的表現正是典型的憂鬱症。

很快的，其他人也知道了。

「你想和精神科醫師聊聊嗎？」醫師問我。

「不。」

幾天後，一位護理師問：「要不要幫你找諮商師？也許你可以跟他聊聊？」

我的回答還是一樣。

由於我不願意跟任何人談話，精神科醫師於是脫下白袍，宛如間諜般潛入我的病房。

「我看得出來，你經歷了一次很嚴重的意外。」某天，一位穿著便服的精神科醫師看著我的病歷說。他試圖引導我說出自己的感受。

「我不想談這件事。」我說。事實上，是根本無法談。我怎麼可能對任何人解釋清楚，自己在離開人世那九十分鐘裡發生了什麼事？我怎麼可能找到適當的言詞來表達那無法形容的經歷？我該怎麼說明自己真的去過天堂？我相信，要是真的這麼說，他一定會覺得我瘋了，覺得我的腦子一定出了嚴重的問題，可能出現幻聽或幻覺什麼的，必須服用更有效的藥物來緩解。我要如何用言語來表達生命中最喜樂、最震撼的經驗？一個很理智的人怎麼可能會說「想死」之類的話？我知道死後有什麼在等待我，但他並不知道。

我並不打算把發生在自己身上的事告訴精神科醫師（或任何人）。因為那段經歷太過私密、衝擊太過強烈，以至於無法與任何人分享，即便是最親密的伴侶伊娃，我也無法在那時候就告訴她。

天堂如此神聖與特別，我甚至覺得，描述我在天堂的九十分鐘是對那段珍貴時刻的褻瀆。我從未懷疑或質疑那次天堂之旅是否屬實，也不曾為此煩惱。一切都是如此生動與真實，以至於我無法否定……不，問題在於，我不想與任何人分享這段刻骨銘心的經歷。

我的拒絕並沒有讓精神科醫師卻步。有了幾次經驗，他們不再表明自己是精神科醫師。現在說起來很好笑，總之，精神科醫師決定要幫助我。即使我拒絕跟他們談話，他們有時還是會偷偷溜進病房來觀察我，有時也會趁護理師查看我的時候跟進來，有時則只是走進來看一眼我的病歷，什麼也沒說。我想，他們大概希望我會主動開口吧。

他們走進病房後，多半只會說一句「我是瓊斯醫師」之類的話，然後就什麼都不說了。接著可能會再檢查一下我的脈搏，然後問：「你的胃感覺怎麼樣？」再看看我的病歷，問一些有關的問題。但是到頭來，他們總是因為一個簡單問題而露出馬腳：

「你今天感覺怎麼樣？」

「還是一樣。」

「你對這一切真正的感覺是如何呢？」無論他們使用什麼策略，最後總是會問我「真正的感覺」如何。

「你是精神科醫師吧？」我會問。

「呃，事實上，是的。」

「好吧，你想知道什麼？我是不是得了憂鬱症？是，我很憂鬱，但我不想討論這件事。」

談話繼續，但我已把大部分對話都從腦海中抹除了。我知道瓊斯醫師和其他人只是想幫助我，但我不相信還有什麼希望。我討厭這種憂鬱感，卻也不知道該如何面對它。

躺在床上越久，我就越肯定未來沒什麼指望可言。天堂的經歷是完美的，那裡是如此美麗，如此令人快樂。我好想從痛苦中解脫，回到那裡。

「去過天堂的人，怎麼可能還願意留在這種地方？」我問上帝：「求祢把我帶回去吧，求求祢。」

我沒有尋死，卻也沒有戰勝憂鬱。

我不只拒絕與精神科醫師談話，事實上，我也不想跟任何人談任何事，更不想見任何人。就算沒有人來看我，也覺得很好——我這樣告訴自己。沮喪時，我只想一個人靜靜，這樣子就能孤單地死去，其他人也不會有機會救我。身為專業人士和牧師，我心裡一直懷著一份驕傲，不希望別人看到自己的慘狀——不只是身體上的問題，我也不想讓任何人知道我的情緒十分低落。

很明顯的，當人們到病房探望我時，他們的語氣和目光彷彿在說：「你是我見過最可憐的人。」我想我就是那樣。

於是，我持續被憂鬱困擾。直到過了一段很長的時間，上帝才給了我另一項神蹟。

這輩子最尷尬的時刻

我是三個孩子的父親，一位賢慧妻子的丈夫。在事故發生前，可說是一名前途無量的男性。發生意外時，我才三十八歲，身體各方面正處於壯年，但事故發生後沒幾天，我就意識到自己再也不會像過去那樣精力充沛、身強體健。現在的我完全無能為力，無法靠自己做任何事，甚至無法舉起自己的手。我內心深處有種恐懼，害怕自己的餘生都將如此無助。

舉例來說，住院的最初十二天裡，我的腸子完全沒有蠕動。再這樣下去，身體會發生感染，因此，醫師為我灌腸，但沒有帶來多大的幫助。

我說：「沒什麼用。」即使灌了腸，我還是只排出了一點點。但這已足以讓護理師和護佐開心到笑出來。

某天，我設法擠出了一點。「哇，太好了。真為你高興。我們再等一下，說不定還有更多。」

當我陷入憂鬱時，我會覺得這是這一輩子最悲慘的經歷。我就像個嬰兒，大家會因為我主動排便（就算只有一點點）而手舞足蹈。

我不記得自己對護佐說了什麼，但想必不是什麼好話。她離開了病房。那是少有的無人時刻，只有我一個人，而我很高興擁有這樣清靜的片刻。

然而，就在護佐離開幾分鐘之後，灌腸開始發揮作用了。我「爆炸」了。我這輩子從來不曾以這種驚人之勢排便。糞便的氣味差點沒把我給臭暈。

我非常緊張，在被單裡亂抓，最後終於摸到了呼叫鈴的按鈕。幾秒鐘後，那位年輕的護佐衝進來。

「對不起，我不是故意的。」我說：「我幫你弄乾淨。」話才說完，我就意識到我無法幫忙。感覺糟透了，而且無能為力。我討厭我自己。

我開始哭泣。

「不不不！完全不用擔心。我們很高興你能排便。這樣很好，因為這表示你的腸胃系統恢復正常運作了。」

在羞愧中，我只能躺在那裡，看著那位可憐的年輕女子打掃整理。她花了至少半個小時才完全弄乾淨，但那難聞的氣味過了一個多小時才消失。

這種尷尬感並未消失，雖然內心試圖告訴我事情並非如此。十二天來，我幾乎粒米未進，這對我來說確實是很重要的進展，卻也是這輩子最尷尬的時刻。

這已經夠糟了，但更令人尷尬無助的狀況還在後頭。

四個月，我瘦了二十五公斤

我無法起身去廁所，因此必須使用尿壺；我也無法刮鬍子，更不能洗頭，於是他們使用一種特別的裝置，把我的頭放進去，澆水，再用一根管子把髒水排到垃圾桶。在這件事情上，為我剪了好幾年頭髮的卡蘿·貝內菲爾德展現出令人難以置信的善意：她在我臥床期間多次前來醫院為我剪髮，每次來回都是一百公里的路程，但卡蘿分文不取。

親朋好友與醫護人員想盡辦法滿足我所有的身體需求，但這只讓我覺得自己是個無能廢物。我的右手，就是沒骨折的那一隻，因為需要大量進行靜脈注射，他們不得不在我手上綁一塊木頭，這樣右手就不能彎曲了。

我的身上到處都是輸液管和針頭。不僅扎進我的胸膛，也在腳尖留下痕跡。

那些管子連在一起，再透過一根大管子直接經過胸部進入心臟。我的許多靜脈都失去了彈性；我毫無行動能力，每次換被單或需要移動我的時候，都必須用鏈子把我抬起來。

我的體重以危險的速度驟降，讓醫師很緊張。我吃不下任何東西，讓胃部開始萎縮。在住院的四個月裡，我瘦了約二十五公斤。事故發生前，我的體重是九十五公斤，到了後來，連七十公斤都不到。他們測量我體重的唯一辦法，就是把我放在一個類似嬰兒吊籃的吊床裡，再從床上舉起來秤重。他們用盡方法哄我進食，還準備了我平常最喜歡的食物，但我沒有胃口，只要聞到食物的味道，我就覺得噁心。我也曾試著吃點東西，我努力了，但每次頂多吃個幾口。

我想，可能是情緒消沉導致胃口盡失吧，儘管我不知道這是不是真正的原因，但我只知道，再怎麼努力，仍無法強迫自己咀嚼任何東西，甚至不想吞下去。

✦ ✦ ✦

他們幫我安裝一部名叫「自控式止痛幫浦」的裝置，每當我痛到難以忍受的時候，就按一下按鈕，給自己一劑。我不得不持續使用止痛藥。起初我試著避免使用更多止痛藥，但醫師卻責備我。他說疼痛會讓身體變得緊繃，反而使康復的速度更慢。

到了晚上，他們又加了一些藥，希望能幫助我入睡。我說「希望能幫助我入睡」，是因為藥物根本沒什麼用。安眠藥也好，止痛針也好，加量嗎啡也好，這些方法沒有一種能使我入眠，也無法讓我覺得舒服些，甚至無法感覺沒那麼疼或輕鬆一點。

這樣說吧：想像一下，你躺在床上，手臂裡插入鋼針，不鏽鋼桿子穿過大腿，你只能仰躺，無法翻身。事實上，即使想讓自己的肩膀移動個〇・五公分也辦不到，除非你伸手抓住懸在病床上方、像是空中飛人表演時抓著的那種鐵棒。另一方面，就算只是移動一點點，馬上就會覺得全身劇痛。你動彈不得。

由於身體長期維持固定姿勢，我的背上長了褥瘡，醫院為我準備了一張特製的水床，可以不斷翻動，這確實讓褥瘡好多了。

我真的瘋了

唯一可以離開病房的時間，是他們推著我去做 X 光檢查的時候，這又是一次冒險。由於身上連接了各種金屬配件和儀器，他們根本不知道該怎麼幫我照 X 光。在檢查室裡，三、四位放射師只能穿著鉛衣，拿著底片和透鏡托住我布滿鋼條的四肢及背後，因為沒有機器是專門用來替我這種狀況的病人做檢查的。

這也意味著，放射師為了拍出一張能讓醫師清楚看到骨骼癒合情況的片子，有時甚至要花上兩、三個小時，畢竟他們從未遇過這樣的病例。

所以，每當有人推我去做 X 光檢查，總會說：「我們要去下面的大廳旅行。」只要聽到這句話，我就知道意思了。當輪床沿著長長的走廊慢慢前行時，為了分散注意力，我總是看著天花板、玩連連看的遊戲。自從第一次手術結束後，我就開始玩這種遊戲。

或許是幻覺吧？我記得那間加護病房是新啟用的，而我當時也是那裡唯一的病患。當他們把我送進病房時，我正不停呻吟，當我看到天花板上的小點點時，我開始盯著它們看，它們似乎連在一起，形成某些我認不出來的圖案。我開始在腦中用那些小點點畫出各種圖案，我邊玩邊想：「我真的徹底瘋了。」但還是忍不住想玩。到後來，這種連連看遊戲成為讓我暫時忘卻疼痛、轉移注意力的方法。

一年中我只有痛昏，沒有睡著

每天最痛苦的折磨，無疑是護理師為我清理插入鋼針的傷口。在聖路加醫院二十一樓的骨科病房，每位護理師都得學會清洗針孔。為了不讓皮膚與鋼針發生沾黏，有時還必須把皮膚從上面剝離開來。接著，護理師會在每個針孔注入雙氧水以防感染。我無法想像還有什麼比這個更難受的，但這卻是我每天要做的治療。

不只如此。每天四次，每六小時一次，他們會用六角扳手轉動支架上的旋鈕。這個設計是為了拉開骨骼末端的縫隙，直到長出來的骨頭長度足以代替失去的骨骼。雖然每次只是轉動那麼一點點，還不到〇．五公分，但旋緊時的疼痛是無法用言語形容的。無論白天還是黑夜，每隔六小時，就會有人走進病房轉動旋鈕。

身為牧師，我經常造訪醫院各病房，包括加護病房。我曾看過許多人臉上出現極度的痛苦，也經常對他們表現憐憫之情。即便如此，我還是無法想像有什麼會比這日復一日的痛苦更難以忍受。

對我來說，最糟的或許是無法入眠。將近一年（十一．五個月），我從沒有睡著過——只會痛昏過去。雖然使用了高劑量的嗎啡，但從未擺脫疼痛。當他們認為睡覺時間到了，護理師就會為我注射三、四劑嗎啡，或是讓我服用安眠藥。但無論怎樣告訴自己要放鬆，我就是做不到。

我不得不與疼痛爭戰，最後，我很顯然地痛昏過去。之後，多半又是一陣劇痛喚醒我。在這期間，我什麼也感覺不到。

最後，家人和醫護人員都只能隨我的意了，因為他們知道我的生理時鐘已無法正常運作。我沒有時間概念，也無法放鬆，疼痛使我一直處於緊繃狀態。當我想稍微移動一下身體，埋在體內的鋼針就會拉扯傷口處的皮膚。就算人可以動，鋼針也不能動。所以即使只是挪動那麼一點點，我的全身也會像是被撕裂般疼痛無比。

一段時間後，我學會忍受這種情形，卻始終無法對此習以為常。

清醒時，我不喊痛

我所「遇過」（但從未真正見過面）第一個使用骨骼外固定器的人，是克莉絲蒂。骨痂延長術是為了幫助有先天性缺陷的人延長骨骼而發明的，但只有在骨骼停止生長時，才能使用這種儀器。尤其是在青春期，由於骨骼生長的速度很快，醫師必須非常謹慎選擇合適的時機來運用這種療法。

克莉絲蒂是一位十多歲的女孩，就住在我隔壁房。她天生有一隻腳比另一隻短。她一等到骨骼完全長成，就選擇用骨痂延長術使骨頭延長，這樣她的兩條腿就可以變得一樣長了。

克莉絲蒂的手術是她自己的選擇，所以在手術前，她就已了解手術會引起的劇痛與康復需要的時間。她接受了好幾個月的心理諮商，她的家人也學會如何照護她的傷口。他們不僅知道整個過程需要多長的時間，也為照顧她做好了準備。

克莉絲蒂和我的區別在於，她事先知道自己會承受什麼——至少是當事人能預知的程度。而我卻是在醒來後，才發現裝置已安裝在身上。在我情緒低落時，這件事使我感覺更糟。即使我明知道他們在我身上安裝骨骼外固定器，是為了挽救我的腿，我卻認定那就是讓我極度痛苦的主因。

另外還有一個小狀況。

儘管我和克莉絲蒂的主治醫師不是同一人，到病房來轉動旋鈕的醫護人員卻是同一位。有時扳手很可能一時在我房間找不到，他們就會跑去借用克莉絲蒂的；當然，有時也會來借用我的。幸好我們的固定器是通用的，所以醫護人員可以來這間病房借用扳手，再去另一間去調節那裡的旋鈕。

我就是因為互借扳手而認識克莉絲蒂的。雖然從未謀面，但彼此確實見過對方的主治醫師。不知道是什麼緣故，或許是因為處境相同吧，我們之間建立起了某種關係。

克莉絲蒂和我一樣，都面臨著同一件事：無止境的疼痛。我好幾次聽到她的哭喊——不是抽泣，而是哭喊，也可以說是尖叫；當然有時只是低聲呻吟。我猜想，她應該也能聽到我的病房裡傳來同樣的聲音。我不是那麼容易哭的人，因為我天生不愛哭。有位護理師曾建議我，大聲叫出來或許對我比較好。她的建議也許是對的，但我從來不曾這麼做過——至少不曾在意識清楚的狀態下這麼做。

在能控制自己的情況下，我從不叫出聲。我曾聽過別人因疼痛而尖叫，那聲音會讓我覺得煩躁。我學會了把疼痛和情緒放在心裡。那時候，呻吟也好，號啕也好，尖叫也好，我相信都是沒有用的。唯一會讓我大叫的情況，要不就是在意識不清之下，要不就是他們在我身上用了高劑量的藥物。至於我怎麼知道自己會在哪時候大叫？都是事後別人告訴我的。

我並不孤單

雖然克莉絲蒂和我當了十二個星期的鄰居，我們卻從沒見過面，不過我們還是透過交換信件有了交流，護理師也很樂意充當我們的郵差。

我試著鼓勵克莉絲蒂。她把她的故事告訴我，並對我出車禍的事深表遺憾。她也是基督徒，因此我們在信仰上也有了交流。

然而，每當我極度自憐時，我會想：當所有痛苦過去後，克莉絲蒂將會是一位正常的年輕女性；但我呢，卻再也無法當個「正常人」。未來的她可以像普通的年輕女孩般玩耍跑跳，可是我知道自己再也無法奔跑了。

我常處於這種極度自憐的狀態。我告訴自己，克莉絲蒂自己選擇了這種痛苦的療程，但我沒有任何選擇，事前也沒有任何準備；她已預知自己要經歷什麼，我卻什麼也不知道；她所做的是對自己與未來有正面影響的事，我不過是在挽救自己的生命。是的，在很多很多日子，自怨自艾的想法充斥我的腦中。

不過我總會回到一件事上，那就是認定「上帝選擇讓我活著」。即使在最深不見底的憂鬱和自憐時刻，我也沒有忘記這一點。

克莉絲蒂和我承受著相似的痛苦，而我們有相同的信仰，這提醒我們：即使在我們遭遇最可怕的境遇時，慈愛的天父也一直與我們同在。她住在隔壁病房這件事給了我很大的安慰：我並不孤單，還有人能理解我的痛苦和感受。

那時候起，我開始認定自己是某個「特別社團」的成員。在我出院後的前幾年裡，我認識了許多被迫加入這個特別社團的成員。由於很清楚受苦是什麼滋味，因此我能理解他們的痛苦，就像克莉絲蒂理解我，我也理解她一樣。

全身裝滿金屬零件的機器傳教士

除了承受痛苦，我後來還做到醫師說我永遠做不到的事：重新學會走路。我可以用自己的雙腳站起來，把一隻腳放在另一隻腳前面，慢慢地移動。

醫師警告過我，由於右腿膝蓋的骨折，再加上左腿股骨缺了一段（儘管拉長後長出了新骨），我再也無法行走。就算真的可以走，也必須套上沉重的支架。我不只一次差點失去左腿，但奇妙的是，上帝讓我躲過了每一次危機。

第一次手術的四星期後，他們開始為我的手臂做復健治療，我的腿也在兩星期後也開始接受復健。

差不多就是在這個時候，他們把我放在一塊我稱為「科學怪人床」的板子上。他們把我綁在一塊大木板上，然後把板子直立起來，讓我的雙腳可以碰到地板；儘管我的身體仍被綁在木板上，但至少是直立的。兩位物理治療師在我的腰間束上一條寬大的皮帶，並分別站在兩旁幫忙。由於雙腿已經萎縮，一開始需要他們協助我做邁步的動作，我也花了好幾天重新學習站立，並讓雙腳足以承受重量。由於我已經習慣平躺，連平衡感也退化了，每當他們讓我直立時，都會有種噁心到想吐的感覺。過了好幾天，我終於慢慢適應那樣的姿勢，接著才開始學走路。

事實上，我在出院後才真正學會走路。物理治療師每兩天來我家一次，協助我復健；六個月後，終於有辦法靠自己走上幾步。

事故發生過後十一個半月，醫師拿掉我身上的骨骼外固定器，讓我開始用助行器；到後來，我進步到只需要一根枴杖。但直到事故發生後一年半左右，我都得套上腿部支架和拐杖才能走路。

車禍是一九八九年一月發生的，醫師在同年五月拆掉我手臂上固定器的外部金屬零件，同時在我前臂的兩根骨頭之間放入金屬板。那些金屬板在我手臂裡待了好幾個月。

十一月底，他們拆掉我腳上的外固定器。這還沒完。在那之後，我的腿又打上了很長一段時間的石膏，醫師並將一塊板子放進我的腿裡——它在我腿裡待了九年。我覺得把它留在那裡還不錯，但他們說還是得把它拿出來。醫師解釋，等我年紀越來越大，靠那塊板子使力的骨骼會變得容易碎裂。

我後來得知，人體的骨骼只有在不斷使用和張力的作用下，才會變得強壯並維持這種狀態。

那幾年，戴著固定器和金屬板的我搭乘飛機時，常會讓機場金屬探測器警鈴大響，從俄亥俄州一直到加州，都是如此。我通常不會走一般的安檢門，而會對安檢人員說：「我身上的不鏽鋼材料比你家餐具櫃裡的還多！」

他們會朝我揮揮手，笑道：「確實！」

我的孩子會模仿電影《機器戰警》裡的主角，驕傲地稱我「機器傳教士」。在那部電影裡，身為警察的主角遭到犯罪組織殺害，醫師以高科技和金屬重塑了他，讓他能繼續打擊犯罪。

無論那些金屬桿、鋼針和鋼板看起來有多冰冷無情，它們的確發揮了作用。看到那些東西埋在我的身體裡面，人們無不目瞪口呆，並為我的活動能力有所恢復表示驚嘆。當然，「正常」只是表面上看起來，我有如一件尚未完工的作品，還在持續調整中。

9

無止境的調整

朋友乃時常親愛。弟兄為患難而生。

——《聖經·箴言》17:17

看到人們在事故發生後的態度如此不同，令我感到驚訝。幾位朋友和南園教會的會友在車禍發生後的五天內便來探望我。他們之中有許多人是在大衛·金泰爾發起的守望禱告後，前來醫院探病。就算只是看到微小的進步，他們也會因此備感欣喜，我卻因為覺得復原的速度實在太緩慢，陷入持續性的嚴重憂鬱狀態。

離開加護病房後，我又在醫院住了一〇五天。我想，任何一個在醫院待那麼久的人，都會罹患憂鬱症吧。

在恢復期間，教會非常努力地想讓我感覺自己仍然有用。他們讓成群的孩子來醫院探望我，執事們有時也會在我的病房裡開會——彷彿我還有辦法做什麼決定似的。他們明知道我無法說什麼或做什麼，卻選擇用這種方式來肯定我、鼓勵我，竭盡一切努力，為的就是要讓我感覺自己有價值、有貢獻。

只是大部分的時間裡，我內心充滿憂鬱和自憐，我渴望回到天堂。

我讓自己痛苦，也讓他人難受

除了憂鬱，我還有一個問題：我不想讓任何人為我做任何事，而且天生如此。

有一天，一位退休牧師傑伊．B．柏金斯來看我。他在退休前曾在德州南部的幾間教會擔任牧師，影響我至深，有如一位極具威嚴的父親。在我喪失行為能力的這段期間，南園教會請他來暫代我的工作。

傑伊持續來探望我——意思是每次來回都得開六十多公里的路。即使如此，他還是經常來看我，有時一個星期甚至會來兩、三次。我雖然稱不上好好地接待了訪客，但至少還能以微笑面對他。躺在床上的我自怨自艾，但他總是以積極的話語溫和地鼓勵我，只可惜，他的話無濟於事——這不是他的錯。沒有人幫得了我。我不只把自己弄得很痛苦，也讓身邊所有的人都很難受。

來探病的人們都希望能幫上我的忙，想為我做點什麼。「要不要我幫你拿本雜誌過來？」有人會這樣問。

「你想喝奶昔嗎？樓下有一家麥當勞，我可以幫你買個漢堡什麼的……。」

「要我為你讀《聖經》嗎？或是別的什麼書？」

「有什麼需要我幫你做的嗎？」

面對任何問題，我的回答都是一樣的：「不用了，謝謝。」

我並不覺得自己有多刻薄，但確實很不友善，也很不合作；儘管當時我並未意識到自己對待他人的態度有多消極。我不想看到任何人，也不想跟任何人說話，只希望疼痛和損傷能完全消失。如果一定得留在人世的話，我希望自己至少能好起來，重新開始生活。

經常來探病的傑伊注意到我和家人、朋友間的疏離。某天，他坐在我身旁，一位南園教會的執事正好也來探望。過了十分鐘，這位執事站起來說：「我只是想來看看你。」接著他問了那個所有人都會問的問題：「我差不多要走了，在這之前，有什麼需要我幫你做的嗎？」

「謝謝你，不用了。很謝謝你來，但……。」

「要不要我幫你買點吃的？要不要我下樓……？」

「不用了，真的。謝謝你來看我。」

就這樣，他道別後便離開了。

那位執事離開後，傑伊仍靜靜地坐在一旁，望著窗外約莫幾分鐘，然後靠近病床，湊近我的臉說：「你真的得振作起來。」

「您說什麼？」我以敬重的口吻問道，一如人們對待一位八十歲老傳教士的方式。

「你得振作起來！」他重複剛剛的話：「你現在做的真不怎麼樣。」

「您在說什麼……？」

「而且！」他一邊說，一邊靠得更近，我的目光根本無法閃躲。「而且，你是個徹頭徹尾的偽君子！」

「我不懂您的意思。」

「這些人非常關心你，你卻不能體會他們有多愛你。」

「我知道他們愛我。」

「是嗎？但你並沒有好好讓他們知道你確實體認到他們的愛。你這樣待他們是不對的。他們無法醫治你——如果可以，他們一定會這麼做；如果可以跟你交換，他們之中也會有許多人非常樂意。不論你叫他們做任何事——任何事都行——他們都會毫不猶豫地去做。」

「我知道……。」

「但你就是不讓他們為你做任何事。」

「我不要他們為我做任何事。」我毫不掩飾地大聲說道：「事實上，我根本不希望他們來這裡。我寧可他們都不要來。我知道自己麻煩到別人，他們一定有更值得去做的事，我都知道——幹麼讓別人看到我這副慘樣？糟透了，我真可悲。」

「這不是你能決定的。」

我看著他，因為他的話而震驚。

「你花了大半生的時間盡力服事他人、滿足他們的需要，在他們遭遇困境和悲傷時伸出援手……。」

「我……我努力要……。」

「但現在，你拒絕讓這些人為你做同樣的事。」

我永遠忘不了他接下來說的那句話：

「唐，這是他們唯一可以給你的，但你卻從他們手中奪走這份禮物。」

我還沒打算認輸，準備提出抗議和辯解，但他又一次打斷了我。

「你沒有給他們機會來幫助你，這正是他們想做的。你為什麼不懂？」

我並沒有聽出這句話的分量，因此我說：「我很感激他們，也知道他們想幫我，這樣很好，但是——」

「沒有但是！你剝奪了他們向你表達愛的機會。」

他的話令我震驚。在我看來，我一直努力不要表現出自私的樣子、不給別人壓力，也不給他人添麻煩。但就在此刻，傑伊的話語貫穿我的心。事實是，我這麼做非常自私，並且隱含著一種我拒絕承認的驕傲。我知道如何慷慨地給予，驕傲卻使我無法接受別人的慷慨幫助。

傑伊並沒有放過我，而我想躲也躲不掉，只能聽他說——直到強迫我看清自己是如何惡劣地將自我與所有人隔絕為止。儘管我努力找藉口，傑伊終究使我順服。

「我要你讓他們來幫助你，聽懂了嗎？你必須允許他們來幫忙！」

「我不能，我就是無法讓……。」

「好吧，唐，如果你不能為自己這麼做的話，就當是為我而做吧。」他說。

他知道我樂意為他做任何事，於是我點點頭。

「下次有人主動要為你做什麼——任何事，不論是什麼——我要你答應。也許你無法對每個人都這麼說，但可以試著從一、兩個人開始。給某些人機會，讓他們透過幫助你來表達他們對你的愛。你得保證自己會這麼做。」

「我不敢保證我做得到。」

「你一定可以。」

「我會試試看，但我不是這種人。」

「那就努力讓自己成為這種人。」他注視著我的眼神彷彿要看穿我：「去做吧！」

現在回想起傑伊當時面對我的耐心，依然讓我覺得不可思議。他的聲音突然變得溫柔，說：「為了我，至少試一下，好嗎？你得在這方面學得更好。現在的你還做得不夠好。這是上帝要你學的一門功課。你的傷痛會持續很長一段時間，如果你一直拒絕幫助的話，會讓它變得更長更久。」

「好吧！」我再也無法抗拒了。

我答應他。我想，如果不答應，他是不會走的。

雖然我的第一個反應是惱怒，也可以說是憤怒，我覺得他太過分了，但我沒有說出來。在他離開後，我開始思索他剛剛說的每一句話。當我克服自己的憤怒、驕傲和自私後，發現他說的是實話——正是我需要聽到的實話。

終於跨出可以接受他人幫助的這一步

兩天過去了，我仍無法履行他對我的要求。

第三天，一位會友突然來探病。他問候我的狀況，並在病房裡待了大約五分鐘。然後，他起身告辭：「我只是想來看看你怎麼樣了。」他繼續說：「你看起來不錯。」

我笑了笑。我知道自己看起來很糟，但我沒有跟他爭辯。

他正準備要走：「有什麼需要我幫忙的嗎？」

我差點習慣性地脫口說出：「不，謝謝你。」但傑伊的身影突然出現在我腦海裡：「嗯，我想看看雜誌。」

「是嗎？」他的臉上出現了前所未有的笑容：「真的嗎？」

「是的，我好久沒有看……。」

「沒問題，我馬上回來！」我還沒告訴他我要哪種雜誌，對方就像一陣旋風般衝出病房。他要下二十一層樓才能到一樓大廳，但我覺得他彷彿只去了不到一分鐘。當他再回到病房，手上抱著一疊雜誌。他一一指著雜誌封面向我介紹時，臉上還帶著笑。

我謝謝他，說：「我等一下會看的。」

他把雜誌放在桌子上，微笑著說：「還有什麼事要做嗎？」

「沒有了，就這些。謝謝你！」

我終於跨出了這一步，接受別人的善意幫助，我發現這其實沒那麼難。

他離開後，我開始翻閱那些雜誌。我並沒有真的在看，而是一直在想剛剛發生的事。

傑伊是對的，我剝奪了他們向我表達關愛的機會。

大約四十分鐘後，一位單身團契的姊妹來看我。我們進行了一段禮貌性的談話。「你好嗎？」

「不錯。」

「有什麼需要我幫忙的嗎？」

「不，我……我……」這時，傑伊的話再次浮現。「嗯，也許你可以幫我買杯草莓奶昔。」

「草莓奶昔？樂意之至。」我想我從未見過她笑得這麼燦爛。「還要別的嗎？薯條？」

「不用了。」

她衝出病房，沒一會兒就拿著草莓奶昔回來了。「喔，牧師，我希望你喜歡這個。」

「當然。」我說：「事實上，我很愛喝草莓奶昔。」

事後，我想像會友們站在病房外聊天的場景：

「他叫我幫他買草莓奶昔耶。」

「沒錯！他也要我幫他個忙。」

這時我才意識到自己有多愚蠢，搞錯了整件事的重點。我辜負了他們，也辜負了自己。在我試著為了他們表現得堅強的同時，也剝奪了他們幫助我、讓我變得堅強的機會。一股愧疚感油然而生，因為我終於看見他們想送我的禮物。

羞愧感湧上心頭，我開始哭泣。心想：這正是他們的服事，我卻一直在搞破壞。我為自己沒能讓他們幫忙而感到無比羞愧。

當我終於打開心門，便能親眼看到大家的表情和行動產生了多大變化。他們愛死這件事，他們要的不過就是一個幫忙的機會，而我終於願意給予。

「你得振作起來。」接下來的幾個小時裡，傑伊這句充滿愛和責備的話，在我腦中揮之不去。我淚流不止，也不知道過了多久，也許幾個小時吧，我終於意識到上帝已原諒了我，我學到了一項教訓。

✦ ✦ ✦

儘管我的情況如此，但很少有人能做到傑伊所做的，而那段經歷也改變了我的態度。即使已經過許多年，現在的我仍會為了是否讓別人幫忙而在內心激烈掙扎，但這扇門已不再緊緊地鎖著，至少是半開的。

在情緒較低落或身體狀況很糟的時候，我還是會拒絕別人，或認定自己不需要任何協助；但如果我敞開心扉，給別人機會幫助我，就會看到很大的不同。人們會欣喜無比，彷彿在問：「你真的願意讓我為你做這件事嗎？」

我一直把自己的拒絕視為不增加別人負擔的表現，然而對周遭的人們來說，我的改變其實是給了他們提供幫助的機會。

能學會這門讓別人來填補自己需要的功課，讓我感恩不已；能在醫院病床上、在完全無助的情況下學會這門課，更是讓我滿懷感謝。

上帝逼我內心安息

有人送了我一塊木製立牌。一開始，我以為這是個玩笑，因為立牌上寫著：

「你們要安息，要知道我是神。」（《聖經．詩篇》46:10）或許他想藉著這句話安慰我的心，但我不知道送它的人（我也不記得是誰）是否意識到，我除了「安息」，什麼也不能做。

然而，那塊立牌的確隱藏著我需要的訊息，只是我花了很長一段時間才明白這一點。

過了好幾週，我才意識到內心需要的正是安息，並相信上帝會透過這一切成就祂美好的旨意。是的，雖然這不是我會選擇的經句，但它正是我所需要的。

上帝逼我安息。從本性來說，我不是個特別會自省的人，但我越來越懂得反省自己，因為我別無選擇。除了為自己感到難過，我無事可做。我躺著不動的時間越長，就越能敞開心胸，接納上帝賜給我的安息和內在平安。

後來伊娃找到了一塊選用同一節經文、刻在金色鋼板上的精美立牌，當成禮物送給我。那塊立牌至今仍放在我教會的辦公室裡。每當我抬起頭來，就會看見這句話。

日復一日，我躺在病床上無法動彈。這樣臥床整整十三個月後，我終於能側身而睡。在那天，這個簡單動作成為復原過程中最開心的時刻。「喔，我幾乎忘記了這樣睡有多舒服。」我大聲說。

在漫長的恢復期中，我學會了許多功課——有關自己、態度和本性等方面的功課。我在唐．派普身上看到許多自己不喜歡的東西。然而在那段無法活動自如的日子裡，憂鬱仍然持續著。

我真心懷疑憂鬱症是否真的會離開我。

然後，上帝又給了我一項神蹟。

10 更多神蹟

我要時時稱頌耶和華，讚美他的話必常在我口中。我的心必因耶和華誇耀；謙卑人聽見，就要喜樂。你們和我當稱耶和華為大，一同高舉他的名。我曾尋求耶和華，他就應允我，救我脫離了一切的恐懼。

——《聖經．詩篇》34:1-4

有時我的憂鬱嚴重到像是快要窒息，這讓我回想起在加護病房裡，因為肺部萎縮塌陷、接受呼吸治療的日子。只是現在，塌陷的不是我的肺，而是我的心。沒有比絕望更使人內心乾枯的。日復一日，月復一月，沒有人能告訴我何時才能復原——或者，我還能復原嗎？結果，我陷入全然的憂鬱之中。

隨著我殘缺不全的身體逐漸恢復，我的心靈也需要復原。我開始這樣想：希臘文裡用來代表「精神」和「靈」的字是「pneuma」，原意是「風」或「呼吸／氣息」。這個字也是英文「肺炎」（pneumonia）的字根。為了制伏肺炎，必須重新吹鼓我的肺；同樣的，為了壓制內心的憂鬱，我需要上帝重新把祂的氣息吹進我的靈裡。

我不知道何時意識到自己罹患了憂鬱症。在復原的最初幾個星期裡，我的身體處於一種永無休止的疼痛中，根本無法思考超過一、兩秒鐘。

此外，還得跟自己的憤怒對抗。我沒有生上帝的氣，儘管我常想：為什麼祂要把我送回人間？為什麼得經歷肉體上的劇痛？事實上，疼痛對我來說不是問題，打從我被送進醫院的第一天起，疼痛就一直與我為伴。就跟許多人一樣，我已學會如何在這樣的事實中生存。真正讓我內心不斷掙扎的是，我經歷過天堂的榮耀和美好，最後卻得回到地上。當我軟弱時，無法明白上帝為什麼要讓我以這種駭人的狀態返回人世。許多人活在更深刻的痛苦裡，但經歷過天堂的人——如果有的話——卻少之又少。

我發洩憤怒的對象主要集中在醫護人員身上，可能是因為他們總在我身邊的緣故。我內心深處有股無法遏抑的怒氣，除了對醫護人員，也可能是對我自己。為什麼我不能恢復得快一點？我把緩慢的復原進度歸咎於他們。在我理智清明的時候，我了解他們盡了全力。儘管我心中懷著敵意和煩躁——我相信他們一定感覺得到——但他們卻一直在我身邊鼓勵我。

我不要鼓勵，我要成效，我要恢復健康。為什麼我的生活不能像從前一樣？我要自己走路，不要總是倚賴別人。

醫護人員從不給我明確的回答，這又會讓我怒火中燒。現在回想起來，我確信他們已經告訴我他們所能做的，但我的情況實在太不尋常。沒有人能預知我會如何。事實上，有好一段時間（大概幾個星期吧），他們甚至不確定我能不能活下來，更別說什麼明顯的康復。

我變得偏執多疑——我知道這是不理智的，尤其是當我抱怨並要求更多的護理或增加藥物以緩解疼痛時。幾乎沒有任何措施能讓我滿意——速度太慢了，按鈴後總是要過了很久，他們才會回應，而且沒有人願意回答我提出的問題。

「這個骨骼外固定器還要裝多久？」我幾乎會這樣問任何一個走進病房的醫

護人員。

「不知道。」這是我最常聽到的回答。

「我總該知道點什麼吧！」最後我說。

「很久很久，相當久的時間。」這是護理師或醫師會給我的另一個答案。

有幾次我非得到答案不可，所以不斷逼問醫師。

「也許幾個星期，也許幾個月，」他說：「我們無法告訴你，因為我們不知道。如果知道的話，會告訴你的。」

理智告訴我，他們已經盡力了。但在那些日子裡，我沒有多少理智。有部分是出於疼痛，大量用藥或許也對我造成了影響，總之，我不是一個好病人，不斷問自己：「為什麼他們不告訴我？他們是不是明明知道什麼卻瞞著我？他們一定有事情沒有告訴我，我有權知道病情的進展。」

一〇五天後，我終於出院

許多個夜晚，失眠的我躺在床上，確信護理師正密謀加害我。但我從未想過他們有什麼動機要這麼做。

「他們為什麼都不告訴我？」我躺在床上抱怨。「還有什麼比這樣子更痛苦的？」

答案是「沒有」。我忍受著額外的痛苦，不是來自事故後的疼痛，而是治療過程。例如：醫師在我的右髖開了一個約十五公分的切口，好取出部分骨頭以植入我的左臂，並用金屬釘縫合傷口。拆釘子那天，他們將釘子一根根從我皮膚裡拔出來。每拔一根，我都痛得齜牙咧嘴，但我還是極力忍耐，不然我真的會尖叫到連天花板都被掀開來的程度。我不記得自己是否經歷過如此劇烈的疼痛，應該有吧？但我早就忘了自己的身體能承受多大的折磨。

可憐的護理師，每拔出一根釘子，就要停下來一會兒。她的眼神充滿了悲傷，我知道她意識到這個過程帶給我強烈的疼痛。她是位身材高䠷的護理師，總是盡可能溫柔地對待我。「我很抱歉，牧師。」她輕聲說。

「我知道，」我咕噥著：「你也無能為力。」那瞬間，我會重新回到牧師的角色，試圖安慰她。我不想讓她因我的痛苦而感到為難。

「牧師，你可以大聲叫出來喔。」

「叫了也沒用。」

「換成是我，我會叫的。」

「是啊，我敢打賭你會叫。」我展現了一下無力的幽默。「你會把醫院裡所有病患都叫醒。」

我沒辦法主動大叫出聲，或許是因為害怕失去控制，也或許我害怕的是，如果真的尖叫，她和其他人都會把我當成弱者。直到今天，我仍然不知道為什麼，只知道自己不可能像這一樓的其他病患一樣尖叫。我每天都會聽到其他病房傳來的痛苦叫喊，但我就是叫不出來。相反的，我會屏住呼吸，有時甚至痛到直冒冷汗，就是不願大叫。

我知道無論在行為舉止或醫療需求上，我都不是容易應付的病人，但整形外科病房的護理師對我非常親切，也很同情我。我開始學習體貼他們，並欽佩他們的奉獻精神，我猜他們一定也從我身上看到些什麼。我知道這些護理師經常通融那些想為我祝福的人進來探望我，無論是白天或晚間的任何時候。

不過，最棒的一刻是我離開的那天。

在聖路加醫院住了一〇五天後，我出院了。很顯然的，那天醫院特別安排其他病房的護理師來暫代整形外科病房的工作，好讓護理師們能陪我一起搭電梯下樓，一路送我到等在門口的救護車那裡。這些護理師曾餵我吃飯，幫我換藥，替我洗澡，還做了許多只有上帝才知道的事。在他們的圍繞下，返家的這一天顯得格外珍貴美妙。他們似乎在說：「我們盡了最大的努力，請務必康復，並記得回來看我們。」我只能想像，看見一個入院時在生死邊緣徘徊的人，現在竟能出院，這改變是何等的大！

在兩首歌詞中，上帝醫治了我

儘管我努力堅持不流露自己的情感，但在離開聖路加醫院前，幾個月來遭遇的強烈苦仍粉碎了我的毅力。我徹底崩潰並痛哭失聲。我覺得自己毫無價值，一敗塗地，是個窩囊廢，確信自己永遠不可能好轉。

「主啊，主，為什麼會這樣？為什麼我要忍受這種似乎永遠好不起來、永無盡頭的痛苦？」我再次祈求上帝把我帶走。我不想再活著，我要回到真正的家。對此刻的我來說，「家」就是天堂。

接連幾天，我都這樣禱告。我常常在筋疲力竭中昏睡過去，醒來時，絕望又濃濃地籠罩著我。苦境依舊，毫無改變。

事故發生前，我曾訂購一些流行福音歌曲專輯，最早都是由「帝國合唱團」和大衛・密斯等歌手在一九六〇、七〇年代錄製的。伊娃將專輯拿來醫院，還帶了一部播放器，但我沒有聽它們的興致。

我總是看電視。有一次，我告訴一位朋友：「我看完了《妙家庭》[1]每一季的每一集，而且每集都看了不只八遍，我背得出所有臺詞。」

某天凌晨大概三點到五點之間吧，我再也受不了重播的電視節目，於是決定放音樂來聽。一位護理師進來，幫我播放了第一張專輯。

第一首歌是帝國合唱團的〈讚美主〉。歌詞的大意是說，當我們陷入掙扎之中、覺得走不下去的時候需要讚美主。凌晨三點鐘，躺在病床上聽這樣一首歌，簡直不可思議，但我繼續聽下去，渴望能得到一些幫助，讓我擺脫內心深處的創傷。第二段歌詞裡有一句：「當我們開始讚美的時候，那些捆綁我們的枷鎖就會脫落。」整首歌的中心主旨是，無論處境如何，都要讚美上帝。

就在帝國合唱團第二次唱到「枷鎖」的同時，我低頭俯看自己的枷鎖——重達數公斤的不鏽鋼架固定著手腳。在經歷這次意外前，我相信自己聽過並唱過這首歌不下一百次，甚至彈奏過。就在這時，這些歌詞成為來自上帝的訊息——從高天直接擊中了我。

在這首歌唱完前，我躺在那裡，聽見自己的聲音說：「讚美主。」

這首歌一結束，大衛．密斯接著唱〈為了我們〉。歌詞提醒了我，耶穌基督哭泣、受苦並死在十字架上，一切都是為了我們。密斯唱道，他最終發現活著真正的意義，就是將生命的每一個部分都獻給基督。對我來說，這同樣不是一首新歌，然而在黎明來臨前的那幾小時裡，有些事情改變了。除了音樂，我什麼都沒聽見——沒有其他房間傳來的呻吟聲，也沒有走廊上護理師的腳步聲。我感覺自己完全與周遭的世界隔離開來。

我的內心潰堤了。淚水順著臉龐滑下來，我無法擦拭它們——也不想擦拭，

---

① 美國情境喜劇，於一九六九年至一九七四年播出，共計五季，描述「單親爸爸＋三個兒子」與「單親媽媽＋三個女兒」共組家庭的故事。

任由淚水流下，無法停止。我哭得比過去任何時候都要傷心。不確定自己哭了多久，但至少有一個小時吧。

漸漸的，抽泣聲平息下來，我沉浸在寧靜之中。我躺在那裡，重擔全部卸下，內心十分平安。就在那時，我意識到另一項神蹟發生了：憂鬱消失了，不見了。

我被醫治了。再一次被醫治。

來自幾首簡單歌曲的直接提醒改變了我。帝國合唱團提醒我，撒旦是個騙子，他想竊取我們的喜樂，並以絕望來取代。當我們內心陷入掙扎、覺得無法再前進時，可以藉著讚美上帝來改變這種處境。如此一來，生命的枷鎖就會脫落。

大衛．密斯的歌鼓勵我，也提醒我為什麼我們應當「活出精采人生」，正是為了將一切獻給上帝——包括心碎和痛苦。上帝就是我們活著的原因。

那天早晨，我下定決心，無論如何都要活下去。做出這個決定，我沒有依靠精神治療，沒有依靠藥物，也沒有依靠心理諮商。在我聽到這兩首歌時，上帝醫治了我。絕望消失了，精神上的枷鎖也解除了。我還知道，自己所經歷或承受的這一切，遠遠比不上耶穌所受的苦難可怕。

我這樣說，並不表示我反對心理治療。在我出事前與康復後，曾建議許多人去接受心理諮商。但由於我不願接受任何形式的協助，上帝才用這種出人意料、無法言喻的模式醫治了我。

就在我人還躺在病床上的時候，我的態度改變了。我仍無從得知肉體的疼痛何時才會停止，也不知道還要戴著固定器多久，但知道耶穌基督與我同在；我仍不明白上帝為什麼要我回來承受這一切痛苦，但這已經不重要了。

現在我自由了。

上帝醫治了我的思想意念。雖然身體還得慢慢修復，但我已經歷了最大的勝利。憂鬱再也不能煩擾我。這又是從天上來的另一項神蹟。

11
回到教會

所以你們要自卑，服在上帝大能的手下，到了時候，他必叫你們升高。你們要將一切的憂慮卸給上帝，因為他顧念你們。

——《聖經．彼得前書》5:6-7

有些認識我很久的人認為我是個勇者，但我從未這樣看待自己，連一秒鐘都沒有，因為我太了解真正的自己。我也知道自己為了度過這段痛苦磨難所付出的努力，事實上微乎其微。

雖然我對自己的看法如此，但許多朋友和教會會友都說，他們看著我從失能狀態中逐漸好轉，並恢復到基本上可算是正常的生活，因而受到了鼓勵。一些正經歷逆境的人也對我說：「如果你能熬過這一切，相信有些小事我也能挺過去。」

我很高興他們從我身上得到鼓勵，但我真的很難接受自己被別人視為感動和勇氣的泉源。我不知該如何面對他們的欽佩和讚揚，因為我什麼都沒做。

我想死。這有什麼好令人振奮的？

當然，當人們說我的故事有多麼激勵人心時，我不會跟他們爭辯，但我清楚記得大衛・金泰爾說過，他和其他人會為我禱告，好讓我能康復，也就是說，我活著是因為別人不讓我死，這些熱心禱告的朋友，才是真正值得敬佩的。

大多數時候，當人們表示「如果你可以，我也可以」，我總是點點頭，認同他們的話，並補充道：「我只是盡己所能。」確實，在那些最悲慘的日子裡，這就是我所做的一切。有時候，「盡己所能」不過就是忍耐罷了；即使在我與憂鬱症纏鬥時，所能做的依然只有忍耐。或許這就是上帝所看重的吧，我不知道。

我天生是個意志堅定的人——我承認，有時幾乎到了固執的程度。但我也在很多時候感到非常孤獨，並堅信沒人能理解我，現在仍這麼認為。當我們承受著持續數週、遲遲無法舒緩的劇烈痛苦時，沒有任何人能理解這種感受；我也不確定讓其他人理解這種感受到底值不值得。

但他們確實很關心我，我認為這才是重要的。

復原期間兒女的感受

五月中旬，我出院返家，但仍必須躺在像醫院病床的居家照護床，直到一九九〇年二月為止——前後整整十三個月。返家後，我仍反覆出現各種症狀或感染，必須回院治療；尤其是剛出院的那段期間，還曾出現幾次致命的感染。有時候回醫院一住就是兩個星期或三個星期。大多數情況下，都是伊娃開車送我去醫院；回來總是透過醫院的救護車。

打從出院後，教會會友就不斷告訴我，想想發生過的一切，現在的我看起來真的很不錯。雖然沒有人真的這樣說，但我想像他們的意思是：「沒想到我們為唐所做的代禱能帶來這樣的效果。我們祈求唐活下來，祈求他好起來。」也就是說，儘管我慘不忍睹，但我終究活下來了，正如他們所祈禱的。

事故發生時，我的雙胞胎兒子——喬和克里斯多福只有八歲，女兒妮可十三歲。在復原期間，最讓我心痛的是孩子也必須承受這種痛苦的感覺。儘管他們沒多說什麼，但我知道他們的感受。

以下是我兒子喬親手做的一張卡片，是一九八九年二月他和祖父母住在一起時寫給我的。

嗨，爸爸：

你是最棒的。我愛你，希望你喜歡這張卡片。我希望這一切從沒發生。

我愛你，爸爸。

喬

✦ ✦ ✦

幾個月後，我終於回到家。幾乎每天下午，弟弟克里斯多福只要一放學回家，就會來到大客廳（我的照護床就放在那裡），走到床邊一句話也不說，把頭靠在我胸前。我不知道這個姿勢他維持了多久，也許不到一分鐘吧。

他一句話也沒說。

但他用不著說。那簡單的動作足以說明一切：兒子深愛著我。

大約一分鐘後，克里斯多福會走進他的房間，脫下制服、換上便服，然後到外面玩。他幾乎每天都會這樣跟我打招呼。

我知道他很難過——真的很難過——所以他用自己唯一知道的方式來表達憂傷。

✦ ✦ ✦

就在事故發生後的第六個月，我有機會參與妮可人生中一個特殊的時刻。

美南浸信聯會有專為年輕人設立的各種宣教組織，其中最知名的是男孩可參加的皇家大使組織（Royal Ambassadors）、先鋒女孩計畫（Girls in Action, GAs）和行動女青年團（Acteens for girls）。妮可一到參加年齡，便報名了先鋒女孩計畫和行動女青年團。她滿足了所有的要求，例如背誦經文、各種教會服事項目和短期宣教活動。妮可十四歲時，得知自己將在一九八九年六月南園浸信會所舉辦的一次加冕儀式上獲得「持杖皇后」的榮譽稱號，以做為對她的獎勵。

這個稱號是對先鋒女孩計畫成員的最高獎勵，並會在教會舉行的儀式上頒發。這個獎項是對妮可堅毅精神的肯定。那段時間，她投身各種活動，以至於無法住在家裡，我們的朋友蘇珊和史丹．莫爾丁夫婦便向妮可敞開了自家大門，讓她和他們住在一起。妮可並未從我這裡得到感情與物質上的支持，因為當時的我正在醫院裡痛苦地掙扎求生。她從母親那裡得到的支持也很少，因為伊娃每天下午一離開學校，就得立刻趕到醫院，一直陪我到她回家睡覺為止，那就是她當時的生活作息。

艱難的處境使我們更為妮可感到驕傲。

加冕儀式的傳統之一，是父親要護送他們的女兒走過會堂的走道，進入會場；如果這名女孩有兄弟，他們要跟在女孩後面，手拿皇冠和權杖。

時間正值南園浸信會一年一度的加冕儀式，但我連能否出席都是很大的問題，更別提要護送妮可進入會場。

我很感激醫師及時准許我出院，好讓我參加妮可的加冕儀式。我真的很想出席，儘管這不是她的婚禮，卻是她年輕的生命到目前為止最重要的一件大事，我希望與她共享這個時刻。

我坐在輪椅上，妮可挽著我的手臂。克里斯多福和喬則走在我們後面，捧著放在墊枕上的皇冠和權杖，並幫我推著輪椅穿過走道。我上半身穿著西裝，繫上領帶（這是我在事故發生後第一次做這樣的打扮），為了不影響骨骼外固定器，下半身穿著運動褲，並把兩側剪開。

父親能參加這個對自己來說極其重要的場合，讓妮可喜出望外；更令她興奮的是，父親竟然還能陪著她「走」紅毯。

當我在走道上慢慢移動，淚水也漸漸濕潤了我的雙眼。我聽到有人在抽泣，但我也知道，我們是為了妮可生命中的這個美好時刻而流下喜悅的眼淚。

好心的天使巡邏隊

我相信，最初醫師同意讓我出院，是因為他們認為在有家人陪伴的環境中，可以恢復得更快；同時，住在家裡也能節省許多開支。我不確定原因到底是什麼，反正我很高興能離開醫院。保險公司並沒有支付我任何醫療費用。一開始，勞工保險支付了部分費用，但最後，德州州政府負擔了我所有的醫療費，因為聯邦法院判定他們有過失。

然而，對我和家人——尤其是伊娃來說，住在家裡不見得比較輕鬆。我每天都需要有人替我打針，還必須接受復健——這一切都在家中進行，使客廳看起來就像一間病房。能離開死氣沉沉的醫院，的確讓我覺得好多了，光是能待在自己熟悉的環境裡，就足以令我為之振奮。我可以從窗外看到鄰居，還有那些不是穿白色制服的人們隨時來探望我，也讓我很高興。

醫療小組運來一張照護床和吊架——就跟我在醫院裡用的一模一樣。護理師每天都來探訪，物理治療師則是每兩天來一次。

那段時間最美好的回憶是，在伊娃出門工作後，那些善良的好心人每天會來陪我。當教會會友得知伊娃必須回學校教書，否則有可能丟掉飯碗時，他們決定盡己所能來幫助我們。

吉妮·福斯特是主任牧師的妻子，她召集了一些人每天來家裡陪我。吉妮笑稱這群人為「唐巡邏隊」——多半是教會裡的女性會友，還有一些退休的男士。

從伊娃早上出門到她返家，中間約有七個小時。我的睡眠時間取決於何時因受不了疼痛而昏過去。不過漸漸的，我終於養成了規律的睡眠習慣。我通常在凌晨兩、三點入睡，早上十點左右醒來。唐巡邏隊大約九點到，那時我仍在睡覺，他們有時會為我準備午餐，或者會直接帶著午餐來。

當我醒來時，多半會看到一位可愛的婦人在我床腳邊織毛衣，或是一位長輩正在讀《休士頓紀事報》。他會放下報紙，對我露出微笑：「早。你需要什麼嗎？」

可愛的臉孔天天不同。儘管這些志工經常換人，但他們有個共同的目的：照顧唐，陪伴他。

日復一日躺在病床上，我意識到別人為我們做了許多事。在我住院期間，阿爾文教會的朋友已經收拾好我們的家具，幫我們搬進一幢新房子裡，好讓我能住在一樓，不必為上下樓梯而煩惱。

白天，從「病房」透過露臺的窗戶向外望，常會看到就讀高中的布蘭頓和馬特．米勒兄弟，還有他們的死黨克里斯．阿斯頓正在幫我們割草。有天晚上，克里斯給了我一個驚喜——開著我的廂型車，帶我去看了一場電影。我早就不記得看了哪部片，但我永遠忘不了他的心意。還有一次，強風颳倒了我們家的籬笆，但還沒來得及請人來修，籬笆就已恢復原狀了。只有上帝知道在我康復的過程中，人們給予我們的一切恩惠。

✦ ✦ ✦

每天早上，當我在床上一有動靜，「守護者」就會起身，把牙刷和臉盆遞過來，讓我刷牙洗臉。接著，他們會把一杯柳橙汁送到我嘴邊，再為我準備一頓豐盛的午餐。

除了餵我吃飯、幫我清潔，確保我的身體盡可能處在舒適狀態，還會問我同一個問題：「在我離開前，還有什麼需要我為你效勞的嗎？」

我的回答總是一樣：「不用了，謝謝。」我會努力露出我所希望最美麗的那種微笑。或許我的笑容並不美，但他們總是用微笑回應我。

「沒事，我沒問題的。」

人們願意為彼此所做的犧牲和奉獻是沒有盡頭的。儘管我們會犯許多錯，但我在受傷與復原期間感受到的種種善意，無疑是我們皆按著上帝形象所造的最佳明證。

每天，在「唐巡邏隊」的天使們靜靜離開後大約一個小時，家門會再度打開。伊娃結束了一整天在學校漫長的工作，回到家中。她總是給我一個大大的微笑並親吻我。

「你好嗎？」她會問。

「我很好！」我回答，這是我的真心話。

我無法用言語表達自己的感受。但我確信，每當「唐巡邏隊」的天使們前來探訪時，都能讓我的精神為之一振。

我能走路了

在我回家後的幾個月，唐巡邏隊的成員一直熱心接送我到家附近的阿爾文接受水療。最初的十三個月裡，我若不在醫院裡，就是躺在自家的照護床上。有好幾個月，除了接受治療外，一天下床的時間最多不超過五分鐘，有時甚至根本不下床。

最糟糕的是，一旦躺在病床上，我便完全喪失行動能力；既不能起身，也不能為自己做任何事。如果沒有物理治療師的幫助，根本無法坐著，當然也不能靠自己的力量移動半步。

慢慢的，一點一點，我又學會走路了。當第一次靠自己的力量下床時，只走了三步，然後就重重往後倒在床上，筋疲力盡。但我開心的笑了，我能走路了。三步，聽起來多麼微不足道，內心卻充滿了成就感。

要從如此嚴重的創傷中復原，所花費的工夫與訓練幼兒可說是不相上下。有很長一段時間，我完全無法自理，以至於當我終於能自己去上廁所時，頓時有種獲得非凡成就的感覺。再次學會行走讓我深刻地意識到，我們太過於把許多事情視為理所當然，例如說話、移動，甚至是活著。

能再次行走，不僅是我個人的成就，也是上百位醫護人員的功勞，是他們不辭辛勞地幫助我。對於相信我的朋友和家人來說，這也是我獻給他們的一份禮物，儘管他們並不了解，我要邁開雙腳走這麼一小步路是多困難的事。

能夠行走無疑代表著心志上的勝利，同時也意味著我能開始過相對正常的生活。我常常想起在三一松會議中心的最後一晚，與湯瑪斯在營地散步的情景。那是我最後一次正常走路。好幾個月以來，沒有人敢確定我能否再次靠自己的力量走路；而且也有很長一段時間，即使只是搖搖晃晃地走個兩、三步，也像攀登喜馬拉雅山一樣艱難。

「我成功了！」我對著一片寂靜的房間大喊：「我能走路了！我能走路了！」在家中邁出的這最初幾步，是我在復原期間最美好的回憶之一。這幾個步伐使我確信自己正在康復。現在有了奮鬥的目標，我已經度過恢復期最糟的一段。我知道自己會繼續好起來。每一天，我都會比前一天再多走幾步。一個星期後，已經能繞著客廳走一圈了。

當伊娃回到家中，看著我展示每天的進步時，她的笑容讓我覺得自己好像贏了一場馬拉松。某天下午，當我向她展示可以自己在屋裡走透透時，她顯得無比歡喜。

坐著輪椅回教會

從醫院回家才一個星期，我就決定要在星期天早上去教會。

現在看來，我當時太操之過急了。不過那時候，我的確有種熱切的渴望，想立刻回到愛我的人們之中，和他們一起敬拜上帝。我們打算在一小群人的幫助下前往教會，也決定先不向會眾宣布此事，萬一我去不成，也不至於讓任何人失望。

那時我已經可以坐輪椅了——只要有人能把我從床上抬起來，放在輪椅上——但還無法站立。有六位教會的朋友來到家裡，並拆下教會一輛廂型車的座椅。他們也在教會門口搭了一座斜坡，好把我推進去。

我一直很在意自己給他們添了麻煩，數度向他們致歉，但他們向我保證自己樂意之至。

於是我想起傑伊說過的話。事故當天，我的家人和朋友目睹了我的慘狀。我從沒看過自己當時是什麼樣子，也無從想像他們承受了怎樣的震撼和驚嚇。他們必須面對我可能死亡或長期癱瘓的可能性。從某方面來說，家人和朋友因這場事故所遭受的磨難更甚於我。也因此，在某種意義上，他們樂於對我伸出援手，也算是生命自我修復的一部分。他們很高興能為我做些特別的事。

儘管我很想參加星期天早上的主日崇拜，卻很難接受讓他們替我做所有的事；但我全然無助，只能依靠他們。當再次意識到這一點時，我笑了。

「謝謝你們！」我說，然後放心地讓他們照顧我。

他們小心翼翼地把我放進廂型車，送我抵達教會。車停在教堂側門。當車門打開時，正要進入會堂的會友們看見了我。

「看！是派普牧師！是唐！」有人喊了起來。

我聽見歡呼和鼓掌的聲音。會友們主動讓路，好讓那幾個人把我的輪椅推上斜坡。

緊接著，全場陷入一陣興奮的混亂。人們紛紛向我湧來。有些人發出歡呼，似乎每個人都想摸摸我，和我握手。不敢相信他們竟然為了我這麼「大驚小怪」。

✦ ✦ ✦

終於，他們把我推到裡面，將輪椅停在講臺前、風琴的旁邊。這已經是最前面了。

全體會眾都能清楚看見坐在前面的我。我微笑著，心想：「從我到三一松參加會議，到現在重新回到教會，不過才五個月。也許慢了一點，但我仍是忠誠的。」

這時，有人在我耳邊小聲說：「我們想請你對大家說幾句話。」他走到我身後，把我推到會堂中央的講臺前。

我已經開始覺得疲憊。也許一路上都覺得很累，只不過因為是自己決心要來教會，所以不願承認已筋疲力竭。我下床已超過兩小時，這是第一次下床這麼久，也是第一次坐在輪椅上這麼久。

我隨即意識到來教會是個愚蠢的決定，因為身體狀況還不足以負荷。我的固執高估了自己的承受能力。

更糟糕的是，我完全被會眾充滿愛意的回應所感動，不知道自己有沒有辦法開口說話。缺席了好幾個星期，又經歷了這麼巨大的變故，我現在能說什麼呢？

正當我猶豫該說什麼，有人把麥克風塞進我手裡。握著麥克風，我心想：「你們完全不知道我在整個復原過程中所付出的努力有多微不足道。在你們眼中，這是一場勝利；但在我看來，不過就是活下來罷了。」

這時候，人們開始鼓掌。我能預料到他們會很高興看到我，但沒想到會聽到這樣如潮水般不斷湧來的讚美之聲。每個人都站了起來，開始鼓掌——掌聲久久不能平息。最後我揮手示意大家停下來。

我注視著所有人，覺得自己承擔不起他們的掌聲與熱情。我不敢相信這些人在為我鼓掌。「他們要是真的知道……」我心想：「他們要是真的知道……。」

然後，上帝對我說話。我這輩子很少像這樣，在腦中清楚地聽見有人說話的聲音。

「他們不是在為你鼓掌。」

就這麼一句話，情況改變了。我能開口了。我終於明白了。他們感謝上帝為我所做的一切，感謝上帝使我從死裡復活。我釋然了。這是一個榮耀上帝的時刻，並不是對我的讚美。

我又等了很長一段時間，直到掌聲停止。我只說了不到十個字。在那個榮耀的日子裡，在場任何一個人都能告訴你我說了什麼：「因你禱告，我回來了。」

在場所有人再次迸出熱烈的掌聲。就算我再多說什麼，我相信他們也聽不見了。

自己成了活生生的見證

我雖無法對大家說話，但當時我相信——現在依然如此——我之所以活下來，只是因為有人希望我活下來。他們堅持不懈，熱切禱告，殷殷祈盼，並相信上帝會垂聽。以前從未認真禱告的人，現在為我禱告；有些人多年來未曾開口禱告，現在開口呼求上帝救我不死。我的經歷使許多人重新跪下禱告，而在為我禱告的過程中，有些人的生命也發生了奇妙的改變。

當我真的活下來了，這些人——尤其是那些過去沒有禱告習慣的人，表示這次的經歷徹底改變了他們的生命。比方說，有些與我素不相識的人透過二手、三手，甚至四手消息聽說了我的故事。即使事故發生後三年，仍經常有人對我說：「我在電視節目裡見過你。你就是那個人！我曾為你禱告。」或是有些人聽過教會發送出去的見證錄音，他們會說：「你不知道這件事意味著什麼。上帝垂聽了我們的禱告。很高興你活下來了。」

對某些人來說，我已經不單單只是一個人，而是一個象徵。在他們心目中，我象徵著禱告蒙應允。他們也許會記得我在南園教會的服事，甚至記得我講過的一些訊息，但最令他們印象深刻的，是他們曾在真摯熱切的禱告中尋求上帝的面。他們祈求上帝讓我活下來，而我真的活下來了。我不知道該如何理解這件事，只能說它不但出乎意料，也超乎想像。

我想，自己也成了一個活生生的見證，回答人們想知道的事情。自從我開始向別人講述在天堂的經歷後，已數不清有多少人問我像是「天堂是真的嗎？」或「天堂究竟是什麼樣子？」之類的問題。有時他們會提出比較具體的問題，譬如有關天堂裡聽見的讚美或黃金街道，而且總有人會提到他們剛去世的親人。

我去過天堂，又回到人間，現在還能和他們說話，光是這項事實就足以為許多人帶來深深的安慰，這件事有時令我感到非常神奇。

直到今天，仍有人看著我身上的疤痕說：「因著你所經歷的一切，你就是神蹟，是一個活著的神蹟。」

12

敞開

我們原知道，我們這地上的帳棚若拆毀了，必得上帝所造，不是人手所造，在天上永存的房屋。我們在這帳棚裡嘆息，深想得那從天上來的房屋，好像穿上衣服；倘若穿上，被遇見的時候就不至於赤身了。我們在這帳棚裡嘆息勞苦，並非願意脫下這個，乃是願意穿上那個，好叫這必死的被生命吞滅了。

——《聖經．哥林多後書》5:1-4

上帝透過我最親密的朋友大衛．金泰爾，讓我活了下來，我對此心懷感激。

事故發生兩年後，上帝再次使用大衛，改變了我的生命。

意外發生後，我一直未曾向任何人提到那段天堂經歷。大體而言，我曾對伊娃談起，但總是在她發問前就打住話題。伊娃心照不宣地明白那段經歷是一塊無法談論的禁區，好在她從不勉強我多說什麼。

我並不是想對伊娃隱瞞什麼，只是無法與人談論。我覺得這段經歷太神聖了，試圖解釋它只會貶低這整件事的意義。

在我出院將近一年半後，大衛到休士頓地區參加一個週末門徒訓練。藉此機會，他來家裡拜訪。

與他獨處，讓我回憶起那段躺在加護病房的日子。記得當時我說撐不下去了，是他告訴我，他會以禱告扶持我。我們談起那天的情景，我再次感謝這段友誼和他恆久不移的禱告。

「現在你感覺如何？」他問。

「還是很痛。」我努力露出笑容：「我總是很痛，但這還不是目前最糟糕的部分。」

他俯身靠近我。「最糟糕的是什麼？」

「我不知道自己該做什麼。關於將來，我沒有任何明確的方向。」

大衛聽我講述自己想做的事、身體做不到的事，我也不確定上帝是否仍要我繼續在南園教會服事。我在教會裡感受得到被愛、被需要，但我不確定自己是否應該留在那裡。

大衛聽了很久，然後平靜地問我：「從這次事故和康復的經歷中，你學到了什麼？」

我花了三、四分鐘告訴他幾件事，尤其是提及我學到讓別人進入我的生命，幫助我。接著我說：「在這所有的苦難和沮喪中，我認識到天堂是真實的。」

他揚起眉：「你這話是什麼意思？」

於是，我有些猶豫地分享了一些在天堂停留的經歷，只講了一點點。「再多說一點。」大衛說。我並不覺得他在故意打探什麼。大衛是我的朋友，他想了解情況，我也覺得自己能對大衛聊天堂的事。如果這個世界上真的有人能理解的話，那個人就是他。

「在那次事故中，我死了。接下來，我突然站在天堂裡！」我說。

大衛傾身向前。儘管他默默地等我繼續往下說，但我看得見他眼中的興奮。

我說得越多，他就越興奮。現在回想起來，我相信大衛的激動一方面是因為我親身確認了天堂的真實性，一方面也是他知道我在這整個漫長且痛苦的過程中，終於經歷了一些好事，為我感到欣慰。

當我說完了在天堂經歷的事，他什麼話都沒說。沉默充斥整個房間。我們的友誼如此深厚，即使不透過言語，也能心領神會。

終於，大衛緩緩點了點頭，問：「為什麼你以前都沒提到這些？」

「有兩個主要原因。第一，如果我到處跟別人說我去過天堂，人們會以為我瘋了。」

「為什麼你會這樣認為？我聽了你的經歷，但我並沒有……」

「第二，」我打斷了他：「我不想提……該怎麼說呢，這是一段很私密、很特別的經驗，連我自己都還沒消化到可以完全理解的程度。不是我不願意說，而是覺得自己不能說。」

「你明明去過了天堂，為什麼你覺得自己不該分享這段經歷？」

「對於這個問題，我至今沒有答案。」

「為什麼？」

「我告訴你另一個我問過自己更好的問題：為什麼讓我經歷這一切，卻又把這一切從我身邊奪走？這到底是怎麼回事？」

這時候，幾個月來壓抑在我內心的憤怒爆發，痛苦宣泄而出。

「為什麼我非要遇到這些事？我目睹了榮耀和美好——這是我一生中最強而有力、最震撼的經歷——結果我還是得回來。為什麼？就為了這個？」我指著自己的手腳。「聽著，我遇到一場車禍，這場事故奪走了我的生命。我馬上就到了天堂。那裡既壯觀又美好，遠遠超過我所有的想像。我才剛體會到天堂的美妙，馬上又被拉回這個世界。我的身體一團糟，痛苦根本沒有盡頭，再也無法回到過去健康和強壯的樣子。我一直在思考這個問題，因為……因為，說實話，這一切對我來說太殘酷了。」

大衛注視著我，再次問道：「你明明去過了天堂，為什麼你覺得自己不該分享這段經歷？」

「我說過了，關於這個問題，我沒有答案。」

「有沒有可能，上帝帶你到天堂，又把你遣回來，就是為了讓你把這段經歷告訴別人？你難道沒想到自己能為別人帶來莫大的鼓勵嗎？」

他的話語讓我為之一驚。我只為自己著想，卻完全沒有想到別人。

當我試著向大衛說明我的感受，也對自己解釋這件事時，我崩潰了。我在他面前哭泣——我知道自己可以在他面前哭。

我們討論了大概二十分鐘。大衛提醒了我。儘管我知道他的話有道理，但對我來說，要分享這段經歷仍很不容易。

最後，大衛說：「我希望你跟我立一個約。」

「什麼約定？」

「很簡單。找兩個你信得過的人，把你的經歷告訴他們，看看他們的反應。」他繼續解釋，如果這兩個人認為我瘋了，或認為這是我的幻覺，那我這輩子都可以不用再提。

「但是，如果他們與你同歡喜，」他說：「而且還催你再多講一點，我希望你把這當做一項憑據——表示上帝要你說出在天堂九十分鐘的經歷。」

經過仔細的考慮，我和他立了這個約定。「這一點我做得到。」

「什麼時候？」

「我答應你很快就去做。」

「很快，對嗎？」

「好的，我答應你，不會拖延。」

大衛為我禱告。聽著他的禱詞，我內心變得篤定。是否說出這件事不再是一個選擇——我必須說出來，但是會照著自己的方式去做。

我默默起誓，我會分享

首先，我要選定自己信任的人，告訴他們這神聖的祕密；敲定人選後，我仍要謹慎行事，必須在一對一的場合裡，才會說出這個祕密。我會等他們先問起我的健康——他們一定會問——然後我會簡單地說上幾句，比方說：「你知道嗎，那天我其實死了。等我醒來的時候，我發現自己在天堂裡。」

他們的反應每次都一樣：「再多說一點……」未必真的這樣說，但意思就是這樣。我看到他們瞪大了雙眼，渴望知道更多。

當我分享更多細節時，沒有人懷疑我的腦子是否正常，也沒有人認為這是我的幻覺。

「你得把這段經歷告訴別人。」其中一人說。

「這個經歷不只屬於你，」另一位朋友說：「也屬於我們，屬於我。」

接下來的兩個星期裡所聽到的回應，都讓我想到在醫院裡被傑伊責備那次。我不願讓任何人幫助我，但那樣做是很自私的。這一次，我不願把自己的經歷告訴別人，這也是一種自私的表現。

「好，我會分享給其他人。」我默默對自己起誓。

由於大家都知道我悲慘的遭遇，我便利用這件事，自然而然地講述起在天堂的經歷。一開始我很謹慎，不過隨著人們給予的大力支持，我的內心變得越來越開放，不再計較這件事該對誰說。

✦ ✦ ✦

我想澄清一件事。儘管我知道這是自己該做的，但對我來說畢竟不容易。即使經過了這麼多年的現在，深入、私密地討論自己的生活，仍是不符我天性的事。如今，除非有人問起，否則我不會提到自己見過天堂；除非覺得對方真的迫切想知道，否則我不會繼續往下說。

這也是為什麼過了這麼多年我才寫出這本書。我不想讓自己去過天堂又回到地上的經歷成為自己活著的唯一理由。正好相反，這是一段非比尋常，且極其私密的經歷，對人反覆述說這件事，會讓我很不自在。

我對大眾或個人講述自己的經歷，也寫下發生在我身上的事，是因為我的故事會在許多不同的面向帶給不同的人不同的意義。比方說，當我進行公開演講時，在場總會有一、兩個剛失去親人的聽眾，他們需要確知親人前去的是什麼地方。

同樣的，在演講結束後，想和我聊上幾句的人排起了長長的隊伍，速度快得令我驚訝。他們走過來，眼中含淚，臉上滿是憂傷。對於自己的分享能帶給他們平靜與安慰，我內心萬分感恩。

我承認，自己的話語確實能帶給別人安慰，但這不等於就是我想做的事。如果不是大衛．金泰爾敦促我，我敢說自己絕不會向任何人提起。

我很感謝他鼓勵了我，不僅在星期天的禮拜，我也在主持葬禮時看見了這樣事奉的效果。事實上，這段經歷改變了我對生命的許多看法，甚至改變了我主持葬禮的方式。現在，我可以根據權威可信的「第一手消息」宣講有關天堂的事。

天堂之旅帶來的影響

除了我自己奇蹟般的經歷，那次天堂之旅也帶來四個重要的影響。

第一，我完全相信上帝會回應禱告。因著禱告得到應允，所以我還能活著。

第二，我毫不懷疑上帝仍然在行神蹟。太多人讀過《聖經》裡超自然的神蹟，便以為「那些只是聖經時代的事」。但我堅信上帝一直在做超乎常理的事。每一天，我都感謝上帝，畢竟我就是一個活生生、會走路會說話的神蹟。

第三，我希望前往天堂的人越多越好。我一直相信基督教所宣講的天堂是真實的，是上帝為祂的子民預備的地方。自從我親身經歷過後，我有種更強烈的責任感，覺得自己應該把前往天堂的道路指得更明白。我不僅希望人們上天堂，更有一種迫切感，想幫助人們敞開自己的生命，讓他們對死後將前往的去處抱持更深的確信。

我確實會想到那些在高速公路上遭遇不幸的人。在某些傳福音的事工中，有人會把類似的故事當成恐嚇用的手段，催促別人決志信主。但在我看來，這些交通事故清楚地告訴我們，生命隨時有可能消失。我不希望人們在尚未認識耶穌基督之前就死亡。

最後一點，有一次，我和迪克・奧尼瑞克談起這種迫切感，他懂我為何有這種感覺。我對他說：「迪克，我要再次謝謝你救我一命。在那個雨天，你忠誠地順服了上帝，我真是感激不盡。」

「任何人都會這樣做。」他說，然後開始哭泣。

「我不是故意想讓你難過的，」我說道，並因為自己的話讓他哭成那樣而過意不去。「這是我最不想做的事。」

「我不是為這個而哭。」

幾分鐘後，他終於恢復了鎮定。

「那你為什麼哭？」

「我在想，那天我來到車禍現場，問警察我能否為你禱告——我覺得任何一個基督徒都會這樣做。雖然警察說你已經死了，但我知道……我只知道，自己必須為你禱告。在我看來，你只是受了傷，而我想讓你感覺好一點。我並沒有做什麼特別的事。」

「但你確實做了。警察明明告訴你我已經死了——」

「聽我說，唐，假設你看見一個小孩跑到馬路上，你一定會趕快衝上去救他脫離危險。這是人的本性。我們總是盡力挽救生命。只要有機會，任何時候我都會這樣做；如果是你，一定也會這麼做。」

當時我們坐在一家餐廳裡。迪克停下來，看看四周，說：「我們坐在這裡，周圍都是人。其中有許多人已經迷失，正往地獄去，我們卻什麼都不說，不告訴他們該如何才能得到永生。這是我們的問題。」

「你的話完全正確，」我說：「我們願意救任何一個身在肉眼可見的危機之中的人，然而許多人明明處在屬靈的危機裡，我們卻一言不發，不去告訴他們如何擺脫屬靈的危機。」

「這就是我哭的原因。我保持沉默，害怕和別人說話，不願意開口，這一切都讓我覺得自己有罪，並因此愧疚。」

接著迪克又說，聽我描述自己的經歷，以及我藉著他的禱告再次回到人間，讓他因此獲得了釋放。過去，他害怕開口；在那以後，他有了勇氣，能放膽向別人傳講耶穌基督。

13 緊握的手

他是你所讚美的，是你的上帝，為你做了那大而可畏的事，是你親眼所看見的。

——《聖經．申命記》10:21

事故發生一年多之後，我很榮幸能在迪克的教會——克林第一浸信會分享我的經歷。除了迪克的妻子安妮塔，我的家人也在。我仍然戴著固定器、得在兩個人的協助下才能走上講臺。

我向大家講述了整段過程，以及迪克在讓我回到人間這件事情上所扮演的角色。「我相信我今天能活著，是因為迪克的禱告讓我回來。」我說：「在我恢復知覺的那個瞬間，我只記得兩件事。第一、我在唱〈耶穌恩友〉這首歌。第二、迪克握著我的手，握得很緊。」

早晨的崇拜結束後，一行人前往一家中國餐館吃午飯。安妮塔坐在我對面。我記得自己小口小口地喝著餛飩湯，和會友度過了一段愉快的時光。

當談話稍歇，安妮塔俯身越過桌面，輕聲對我說：「我覺得你早上講得很好。」

「謝謝。」

「不過有一件事——在你的分享中，有件事我覺得需要更正。」

「真的嗎？」她的話令我震驚。「我力求每句話都正確無誤，絕對沒有刻意誇大。我早上的分享有哪裡錯誤嗎？」

「你說迪克鑽進你的車子裡，你還說，他一邊握著你的手，一邊為你禱告。」

「是的，那一幕我記得很清楚；雖然的確有幾段記憶空白，很多事我記不清楚。」我毫不遲疑地承認自己所講的某些內容是從別人那裡聽來的。「但有件事我記得非常清楚，就是迪克在車子裡為我禱告。」

「沒錯，他的確鑽進車子裡為你禱告。」她靠得更近一些。「但是，唐，他從來沒有握住你的手。」

「我很清楚記得我握著他的手。」

「真的沒有這件事——物理上根本不可能。」

「但我記得非常清楚。這是我印象最深刻的……。」

「你想想看，迪克從後車廂鑽進你的車子，爬進後座，把手放在你肩膀，觸碰了你。當時，你的臉朝前，左手臂幾乎快掉下來。」

「對，就是那樣。」

「迪克說，你倒在座椅上，歪向旁邊的副駕駛座。」

我閉上眼睛，想像她所描述的情景。我點點頭。

「你的右手被壓在副駕駛座的地板上。雖然防水帆布蓋住了車子，但光線還是足以讓迪克看見你的右手被壓在下面。他不可能碰到你的手。」

「可是……可是……。」我結結巴巴。

「確實有人握著你的手，但不是迪克。」

「如果不是迪克，那會是誰的？」

她微笑著說：「我想你應該知道。」

我放下湯匙，盯著她看了幾秒鐘。無論如何，當時確實有人握住我的手，毫無疑問。接著，我明白了。「沒錯，我想我知道是誰。」

我立刻想到《聖經・希伯來書》的一段經文，裡面提到有人在不知不覺中接待了天使[1]。我思考了一下，又想起另外有些事無法理解，只能以屬靈的方式來解釋。例如住院期間，許多次夜深人靜時，我經常處在心情的最低潮。雖然沒有看見或聽見任何人的動靜，卻能感覺到有什麼與我同在——某樣物品或某個人托住我、鼓勵我。我從未對別人提起這件事，因為我無法解釋，所以我想別人也不會明白。

這又是另一項神蹟。如果不是安妮塔糾正我，我根本不會知道。

事故發生的五年後，迪克和我一起出現在派特・羅伯森牧師所主持的《七○○俱樂部》[2]節目中。一個攝影小組來到德州，打算錄影重現這次事故，並邀請我分享在天堂大門的經歷。在接下來的兩年內，《七○○俱樂部》多次重播了這一集。

二○○一年，我經歷了生命另一個出乎意料的轉折。那年，迪克因心臟病發作而去世。聽到他去世的消息，我承認自己非常難過，但也為他已身在榮耀之中感到高興。迪克救了我的命，上帝先帶他回到天堂了。我很高興在他啟程之前，已先聽我分享在天堂的經歷。

✦✦✦

事故發生一年多之後，那次與安妮塔的談話使我更加堅信，上帝讓我回到人世有祂特別的目的。讓天使握著我的手，是上帝托住我的方式，好讓我知道，無論處境有多艱難，祂都不會放棄我。

也許我不會每天感覺到那隻手的存在，但我知道它就在那裡。

---

①《聖經．希伯來書》第十三章第二節：「不可忘記用愛心接待客旅，因為曾有接待客旅的，不知不覺就接待了天使。」

②知名福音節目，由創辦基督教傳播網（CBN）的派特．羅伯森主持，節目名稱的由來是邀請七百名觀眾每月奉獻十美元以支持電視臺營運，該節目至今仍在播出。

14

新的常態

耶和華說：「我必使你痊癒，醫好你的傷痕，都因人稱你為被趕散的，說：『這是錫安，無人來探問的！』」

——《聖經．耶利米書》30:17

有些事情一旦發生，就再也無法恢復原狀，因為它們擾亂了我們原本的生活。人生就是這樣。

人類的天性傾向於努力恢復過去的生活模式，並從斷裂之處重新開始。但要是我們夠聰明的話，就不會努力想回到過去的模式（事實上也不可能「回到過去」）；相反的，我們必須忘掉舊的生活，接受一套「新的常態」。

我浪費了很多時間回想自己過去曾有多健康、身體活動完全不受限制，也常在腦中想著生活該是如何如何。然而現實中，我知道生活再也無法回到跟過去一樣，我必須自我調整，接受身體的障礙，讓它成為新生活的一部分。

記得小時候，我曾坐在曾祖父母家客廳裡的一張棕色大地毯上，聽他們談論往日的美好時光。聽過幾個故事後，我心想：「那些日子不見得真的有那麼好。」——至少從他們所講的往事聽起來，並不是那麼美好。也許對他們來說，那的確是一段美好的時光，但他們或許也忘了那些日子裡同樣有負面的部分。在人生中的某些時刻，許多人都會想回到過去那種更簡單、更健康、更幸福的日子，但我們做不到，只好偶爾追憶過往。

我二十幾歲時曾擔任電臺主持人。當時經常播放老歌，打電話來點播這些歌的人往往表示，過去的音樂比現在的好。事實上，在那段時間，暢銷和不暢銷的歌我們都播過，只不過那些沒那麼受歡迎的歌曲很快就被人遺忘了，和現在沒什麼兩樣。不受歡迎的音樂，就不會有人點播。

確實，動聽的歌曲令往日時光變得更美好，彷彿那些時代的所有音樂都是經典中的經典。事實上，三十年前、五十年前也都有不受歡迎的歌曲——事實上，「爛歌」可是有一大堆呢。人生經歷也是如此。我們傾向於忘記負面的過去，經常追憶愉快的往事。事實上，我們選擇性地記住了一些事，也選擇性地遺忘了一些事。

等到想通這個道理後，我就決定不再回憶過去了。我認為，無論從前的時光多麼完美，那段人生已經結束。無法回到過去那個健康強壯的我，唯一能做的，就是建立一個全新的常態生活。

「是的！」我對自己說：「有些事我再也做不到。我可以不喜歡這樣，甚至自怨自艾，但無法改變現狀。如果能早一點心平氣和地面對現實、接受挑戰，就能早一點獲得內心的平安，享受新生活。」

接受那些不再能做的小日常

有個故事，可以說明這種轉變。

二〇〇〇年初，我帶著一群學生從休士頓出發，前往科羅拉多滑雪旅行。滑雪曾是我熱愛的運動之一，但現在，由於無法親身參與，我只能坐在山腳下的滑雪俱樂部裡望著窗外，看他們從山上滑下來。我很沮喪，心裡想著：「我犯了個大錯，真不該來這裡。」我一邊為他們高興，卻也一邊為自己再也不能滑雪而感到悲哀。

我想起這些自己再也不能做的事至少成千上百次。我還是主任牧師的時候，每次主日崇拜結束，都會在教堂門口招呼大家。「我們很喜歡你的講道。」大多數的成人會這麼說。

可是小孩子不一樣。他們會為我畫畫，然後拿到我跟前展示給我看。事故發生前，我喜歡孩子們圍繞在我身邊。我會跪在地上跟他們聊天。但即使康復後，我也無法像從前一樣，蹲下來凝視他們微笑的臉龐，對他們說：「謝謝你，我很喜歡這幅畫，畫得很漂亮。」

事故發生後，我頂多只能彎著身子和他們說話。對別人來說，這或許不算什麼，對我而言卻是一件大事。我再也不能蹲下來，也無法跪在地上，和孩子們同高，因為腿已經失去了這項能力。

還有一個例子。當我開車去速食店、走「得來速」車道時，我無法用左手接找回的零錢，只能用右手繞過去接。這看起來很怪，別人有時會用異樣眼光看著我，但我只能這樣做。

這些例子並沒有什麼特別，卻提醒我們，日常生活中習以為常的人事物有時會突然且永久地離開我們。而我們也將永遠改變。

寫下我還能做的清單

在漫長的住院期間，曾有人給我看一篇關於一位失明的年輕人的文章。他經歷了一段極為痛苦和憂鬱的日子。年輕人寫道，他變得十分沮喪，一位非常關心他的朋友對他說了一句真心話：「你只需要想通就好了。」

讀到這裡，我停下來想：「沒錯，這聽起來就像我發生車禍後的狀況。」文章接著寫到，這位朋友對失明的年輕人提出了一個實用的建議：「我要你列出所有你現在還能做的事。」

「我還能做什麼事？」年輕人生氣地問。

「就當是為了我試試看吧！當然，你沒辦法用寫的，但可以用錄音的。只要把你還能做的事情列出來就行了。我說的是一些簡單的事，例如『我還可以聞花香』。這份清單越長越好。等你列完，我想聽一聽。」

這位年輕人終於同意了，並且列出清單。我不知道中間相隔多久，不過當朋友再次前來探望時，這位失明的年輕人面帶微笑，神情平和。

「你的樣子看起來比上一次我來的時候好多了。」他的朋友說。

「沒錯，的確好多了。因為我一直在列這份清單。」

「你列了多少件事？」

「目前為止大約有一千件。」

「那太棒了。」

「其中有些很簡單。雖然沒有一件是大事，但我現在仍能做到千萬件小事。」

這位失明的年輕人徹底改變了。他的朋友忍不住問他：「告訴我，是什麼改變了你？」

「我決定去做所有我能做的事。當我發現自己有越多事情可做，所受到的限制就越少。我可以做至少一千件事——而且會用未來的人生去做這些事。」

讀了這篇文章，我心想：「這正是我需要的。不悲哀、不頹廢、不回想過去的生活，也不去想我以前能做什麼但現在不能做什麼。相反的，我需要發現自己現在能做什麼，不僅要為此慶賀，還要認識到自己並非無能為力。」

隨著我繼續思考這個道理，我發現自己能做的事遠比想像中更多。一直以來，我過分在意失去的東西，以至於忘了自己還擁有什麼。同時也意識到，如果不是因為這次事故，我說不定一輩子都不會去嘗試其他可能性。

在文章裡，失明的年輕人這樣說：「我不要為自己不能做的事憂慮，只要去做那些能做的事。」這兩句話聽起來很簡單。

我在最需要的時候讀到這篇文章。在我看來，這句話極其深刻。上帝在我需要的時候，把我需要的訊息帶給我。這也是人生中最令我震撼的時刻之一。因此我告訴自己：「人生還得繼續。無論我還擁有什麼，都要好好利用，發揮它最大的價值。」

「我的時間不多了，」我想，「但其實每個人都一樣。」我覺得我比一般人更在意時間的原因有兩個：第一，因為這起事故，我人生有一大段時間就這樣沒了。第二，我們在塵世的時間原本就不長。正如許多詩歌所唱的，我們的一生如同匆匆而過的客旅。儘管我們透過閱讀《聖經》等書籍明白這個道理，但直到這個時候，我才真正覺醒。

我知道，所愛的人正在天堂門口等著我。有時我迫不及待地想回到那裡。但我也意識到，我必須等待，等上帝帶我回去。

出事後，妻子一個人扛起許多事

住院期間，南園浸信會的會友幫我們搬了家。事故前，我們一直住在法蘭伍德，這座城鎮離教會大約十六公里。雖然我們想搬到離教會近一點的地方，但沒有找到適合的房屋。在我住院期間，教會的執事們找到一間房子，租了下來，除了為我們整理並布置好家具，還幫我們搬家。出院後，我來到一間從未見過的房子。等到救護車倒車停下、把我從輪床抬到家裡的照護床後，我才第一次打量我們的新家。

我很快就適應了新的生活環境，因為有很長一段時間，我只能看見客廳——照護床就放在那裡。

某種程度上來說，家人搬入新居後遇到的困難比我更多。我意識到妻子因為我所受的重創而被迫面對一些調整和困境。伊娃差點失去她的工作，她花費大量的時間來陪我，把所有事假、特休和病假都用完了。有老師把自己的假轉讓給伊娃，好讓她能到醫院來陪我。最後，連這些別人轉讓的病假也用完了，伊娃不得不回去工作。她是我們家主要的經濟來源。

伊娃在阿爾文的羅・路易・史蒂文森小學任教，同事經常替她批改作業、編寫教案，還幫她代課，好讓她能提早下班，到醫院來看我。與她共事的老師甚至每天為我的孩子製作小禮物，讓他們期待每一天的到來——孩子們稱這些禮物為「驚喜盒」。學校的老師還與教會會友一起到我家，幫忙打掃房子、準備便當。要不是同事和教會的幫忙，伊娃想必會丟掉飯碗，我也會失去工作。儘管有這些無私的熱心奉獻和協助，但伊娃和孩子們能度過一九八九年的那個春天，仍是一個奇蹟。

有一次，伊娃想了解我的長期預後，但一位護理師告訴她：「親愛的，你不需要知道一切。你只是一位妻子。」

在那位護理師眼中，伊娃「只是一位妻子」。但在我出事後，伊娃一肩扛起原本由我們兩人分工的所有責任。車禍發生前，家裡的帳單、銀行帳戶、保險和大多數家事，都是由我處理。車禍發生後，伊娃沒有選擇，只能一個人扛，而且她做得很棒。伊娃找到了力量和新的信心。上帝賜給她智慧，幫助她處理家庭事務；在我漫長的康復期間，她還學會在聽我抱怨、發牢騷的時候保持冷靜。

教會並沒有停止支薪，但我們知道，他們有可能這麼做，而且也有權這麼做，因為我確實沒有在工作。我們從沒談到錢的問題，但這個問題一直懸在心上。

法院判定德州州政府在事故中有過失，並判決賠償金額為二十五萬美元。這些錢後來都拿去付了醫院的帳單，卻還是不夠。

最諷刺的是，由於被告人，也就是那位撞上我的卡車駕駛，是個身無分文的受刑人，所以德州司法部負責為他辯護。換言之，我納的稅反而用在為州政府及肇事者辯護。人生有時也未免太奇怪了吧。

✦ ✦ ✦

在我住院的一百零五天裡，伊娃承受了巨大的壓力，背起了家中一切重擔。她每天早上六點就得起床，打點好所有家務，接著趕到學校上課。學校一放學，立刻趕回病床邊，每晚都陪我到十點半。日復一日，每天都過得這麼緊張。

伊娃還獨自完成了一件最具挑戰性的事，她要買一輛廂型車以取代我那輛被撞爛的車。當時我已經出院回家，可以走路了，但仍然戴著骨骼外固定器。這表示，不論我要去任何地方，都得有一輛廂型車載我去。不知道還需要多少時間，我才能像正常人一樣坐進普通的四門轎車裡。

伊娃這輩子都沒自己買過車，但她沒有抱怨。她找了一家經銷商，試開了一輛廂型車，挑了一輛，就這樣開回家來了。「這是我們的廂型車。」她說。

我以伊娃為傲，並深覺感恩。

就是這輛廂型車，讓我重新學會開車。某天，家人正在洗車，我走出屋子，腿上仍戴著骨骼外固定器。我繞著廂型車緩緩踱步，看到駕駛座的門開著。我仔細打量了一下車子，想著該怎樣才能移動身上這十幾公斤重的不鏽鋼架，好讓我坐在方向盤前方。趁著家人不注意，我慢慢挪到駕駛座上，發動了引擎。家人們嚇得目瞪口呆。

伊娃跑到門邊問我：「你在幹什麼？」

我笑著說：「我要開車。」

伊娃不敢相信，結結巴巴地說：「可是你不能開車啊。」

儘管我已經將近一年沒有開車、儘管上一次開車導致我差點遇難身亡，但直覺告訴我，現在是時候重新握住方向盤了。

我慢慢倒車出去，繞著房子開了一圈。這段路並不長，卻是我康復過程中的另一個里程碑。直到現在，我還是不太喜歡十八輪大卡車和長長的雙線道橋梁，但我已經可以開車去我想去的地方了。

✦ ✦ ✦

當然，預約門診並確保我準時前往每週兩次的回診，仍是伊娃的責任。我必須承認自己不是個容易照顧的人；事實上，我很難搞。隨著我的健康情況有所好轉，我變得要求更多且不耐煩（但我自己並沒有意識到）。雖然伊娃做得已經夠好，卻還是為了讓我高興而傷透腦筋。

事實上，我還是不開心。我的許多問題都源於覺得自己無能為力。很長一段時間，我甚至連幫自己倒一杯水都做不到；即使辦得到，如果沒有別人協助，我還是喝不到水。就連這種最小的事，都會讓我覺得自己很沒用。

很多時候，伊娃必須在無法和我商量的情況下立刻做出決定。她盡了自己最大的努力，但有時當伊娃說明她的決定時，我還是會馬上告訴她「要是換了我，我會怎麼做」。幾乎在那同時，我意識到自己傷了她的心，只是話已出口，覆水難收。這時，我會告訴自己，也告訴伊娃：「我很抱歉，你已經盡力了。」我也提醒自己，無論採取什麼做法，我完全沒有能力去做。

在那段期間，伊娃很少說什麼。後來，她允許我閱讀她的日記。其中一行寫著：「唐會挑剔我做的每一件事，他的狀況一定是越來越好了。」

真是令我啼笑皆非。伊娃知道我正在好轉，因為我又開始做決定了。伊娃從我參與家庭事務的渴望為標準，衡量我的康復程度。我似乎想對生活有更多參與，並關心事情的進展。

我真希望自己是一個好相處的病人，好讓伊娃少操一些心。

✦ ✦ ✦

對我們家來說，復原期間最糟糕的事，是我們必須託別人照顧三個孩子。他們不是孤兒，卻和別的家庭一起住了六個月。我們的雙胞胎兒子和伊娃的父母住在路易斯安那州。我知道他們不喜歡搬到那麼遠的地方，距離使他們感覺疏離和孤立，不過他們適應得很好。當時他們還在讀小學，以那個年紀來說，搬家應該還不算太困難。比他們大五歲的妮可當時已經十三歲。她搬到同學家，以便能留在原來的學校就讀。對妮可來說，搬到別人家一定比兩個弟弟痛苦許多。

事故發生在一月。直到六月，孩子們才回到自己的家，不再寄人籬下。我常為了不能照顧自己的孩子而難過。

住院期間，孩子們每到週末就會來看我，而這對他們來說並不容易。他們第一次來醫院時，一位心理師做了一件好事。他帶三個孩子到一個房間，向他們展示一個真人大小的人體模型，模型上裝了各種儀器，就像我身上戴的一樣。他用這種方法向他們說明，當他們踏進我的病房時，會看見怎樣的情景。

我很感激這位心理師。因為在沒有心理準備的情況下，就連許多成人看見我的時候，都會明顯露出震驚的神情。在我看來，他們的反應是一種恐懼。

孩子們第一次走進我的病房時，三個人都盡可能靠近並擁抱我。他們愛我，想知道我很好、我沒事。當然，那時的我只能算勉強還活著，但能夠看見孩子們，仍對我大有助益。醫護人員沒讓他們待很久。儘管我看起來很糟糕，但是我還是對孩子們說：「我會好起來的。」他們都相信我。

孩子們離開後，伊娃回到加護病房。我不記得這件事了——那段日子裡，我能記住的事情實在不多。伊娃說，我透過氧氣面罩看著她說：「我們有三個全世界最棒的孩子。」

我的意外事件對家人的影響

孩子們從未讓我察覺到他們是否覺得自己失去了什麼，但有時我覺得，他們失去了與一個正常父親生活的權利。

當我終於出院並能開始行走後，我記得自己曾試著和兩個男孩玩棒球，儘管我知道自己頂多只能走個一、兩步。要是他們有誰擊出一顆球，超出我能活動的範圍，我就追不上了。他們一定為此覺得很難過。

當我發現身體上的限制使他們無法盡情享受玩棒球的樂趣後，就決定不和他們玩了。雖然他們沒說，但我知道他們不想看到我努力奔跑，甚至冒著摔倒的危險——我確實跌倒過很多次。

兩個男孩也都喜歡衝浪。事故發生前，我常帶他們一起去衝浪。後來，當我能再次走路和駕車後，有幾次我讓他們帶著衝浪板，開著廂型車載他們到海灣。但我不能和他們一起衝浪，只能在一旁觀看。儘管他們似乎都能理解，我還是覺得很難過。

兒子們一定有些想做的事，這我很肯定，但他們從不提起。他們不想讓我為難，因為我得決定是否要為了做這些事而冒著受傷的危險。所以，我確實覺得兩個兒子在成長的歲月裡，失去了許多一般男孩應有的童年體驗。

至於妮可，儘管身為女孩，她仍有一種「爸爸的感覺」。她排行老大，表達情感的方式與弟弟喬很不一樣。喬是情感豐富的人，克里斯多福則是外表冷靜，內心敏感，不像他的雙胞胎兄弟那麼容易流露自己的情緒。

寫這本書時，我要孩子們告訴我，那次事故對他們及我們的家庭有什麼影響，以及它如何改變他們對我的看法。一九八九年事故發生時，妮可十三歲，這是她的感想：

那次事故對我人生最大的影響，就是我得離開父母幾個月。那段時間，我和教會的莫爾丁一家人住在一起。那次意外讓我學會欣賞自己的家人。我和家人的關係非常親密，因為我知道能屬於這個美好的家庭，是多幸運的一件事。我也覺得，現在我能幫助身陷困境的人，是因為我在小時候就學會如何靠著禱告和朋友，幫自己度過難關。那次車禍讓我學會從不同的角度看待生命，讓我從小就意識到生命何等寶貴，必須珍惜每一刻。

因為那次意外，我覺得我們一家人的關係變得更緊密。我想我們真的懂得彼此照顧，而且願意為彼此做任何事。我和兩個弟弟有一種特殊的連結，這種連結不太容易在一般兄弟姊妹之間看到。爸爸的意外和康復教會我們要互相支持，媽媽也變得更堅強和獨立，因為爸爸無法處理過去一直由他負責的事。如果爸爸不用經歷這一切，我們的家庭也能如此親密無間，那該有多好啊。

在爸爸受到重傷後，我第一次發現，原來他也是會受傷的。在事故發生前，他似乎是個永遠不會倒下的人。這些年來，我看到這場意外如何讓他變得更堅強。他的身體確實受到創傷，但在我所認識的所有人之中，不論在精神或感情上，他都是最堅強的一個人。即使經歷了這一切，他仍是上帝忠心的僕人，充滿愛心，這令我感到驚訝。

有很長一段時間，我為這次事故感到憤怒。長大後，我意識到我們仍擁有父親是件多幸運的事，而那次事故也讓我們的關係更緊密。如果爸爸在那次事故中喪生，我不知道自己該如何度過人生中最艱難的時刻。能從一個像爸爸這樣，曾去過天堂，又經歷過無數次手術，還能活著講述自己故事的人口中得到忠告，是非常特別的。現在的我比以前更用心聽他說話。

事故發生那年，喬八歲。這是他的感想：

我記得的第一件事，是媽媽的朋友——一位老師來接我。當我看到媽媽在哭的時候，我知道有不幸的事情發生了。

我記得去醫院探望爸爸時，他們給我看一個模型，做得好像爸爸受傷的樣子，好讓我們在進入病房前有心理準備。看到爸爸受傷的樣子，我真的很難受。那天我們沒有待很久。對我來說，這是一件好事，因為我不想看見爸爸那樣。克里斯多福和我不得不搬到路易斯安那，和外公外婆住在一起。剛開始我還覺得挺不錯的，但我很快就開始想家了——我真的很高興能和雙胞胎弟弟在一起。每個週末，我們會從波西爾城開車到休士頓，但很快就膩了。

關於這次事故，最糟糕的部分是，其他人會跟他們的爸爸去露營和釣魚，但我從來沒有這樣的經驗。直到現在，我還是常常想到這件事。有時我感到憤怒，有種被欺騙和沮喪的感覺。不過最近這幾年，我已經能和爸爸一起去露營和釣魚了，我不確定他是否知道這讓我有多開心。

這次意外也讓我發現，原來有那麼多人在關心愛護我們一家人。如果不是因為我們生命中有上帝，我真的不知道我們該如何度過這一切。

以下是克里斯多福的感想：

對一個八歲的孩子來說，爸爸多半是一位超級英雄，戰無不勝。當我第一次聽到爸爸發生意外時，我並沒想到情況會那麼嚴重。媽媽告訴我這個消息時，她非常傷心，無法忍住眼淚；但爸爸很堅強，我從沒看過他哭。即使看見他在加護病房，四周全是監控裝置，臉上還戴著氧氣罩，幾乎不能說話，我還是以為他過一個禮拜就能回家了。

大多數重要手術進行的當下，我都不在場。事故發生幾天後，我就搬到外公外婆家住，只有週末才去探望爸爸。在那些短暫的會面中，我開始明白他傷得有多重——他的身體和內心都是。

我對裝在爸爸左臂和腿上的金屬架很著迷，但我也知道它們帶給他巨大的痛苦。他看上去總是很疲憊，就像剛醒來一樣，或許他從來沒好好睡過一覺。有時我覺得他並不希望我或任何人待在房間裡。雖然我對憂鬱症所知甚少，但我知道爸爸正受到憂鬱症折磨。

每次去探望他，我所做的第一件事就是慢慢靠近他，用雙手摟住他。我會很溫柔地擁抱他。這是我生平第一次看到爸爸如此脆弱。即使在他出院回家後，我仍然繼續做同樣的事——放學回家後，伸手擁抱爸爸。這不只是為了安慰他，也是為了讓我自己放心。我希望這麼做能達到這兩個目的。

隨著哥哥喬和我漸漸長大，還有爸爸逐漸康復，我們對運動和戶外活動的興趣也越來越濃厚。爸爸會盡全力陪我們一起玩耍。我記得有次曾把球丟得太遠，結果爸爸接不到。當時我覺得很難過，他跌跌撞撞的，有時還會摔倒。好幾次，我強忍著自己的眼淚，我相信他也一樣。但在情感上，爸爸會隨時支持我們，他對孩子們所做的事情特別感興趣。畢竟，我想，從某方面來說，我們值得他從天堂回來。

因為爸爸的意外，我們家變得更親密。出於現實上的需要，我們必須承擔起各自的職責。在爸爸康復期間，媽媽成為決策者和管理者。我盡力做好家中男主人的角色。確實，我有時候會顯得很霸道，但我慢慢學會不要這樣。我學會依靠別人，也讓別人依靠我。妮可也盡全力照顧喬和我。

在事故發生後的幾年裡，爸爸一直飽受憂鬱症折磨——現在還是有一點。也許早在事故發生前，他已和憂鬱症纏鬥過。但就算真是如此，我也完全沒注意到。爸爸的個性非常獨立，他很少讓家人了解他內心最陰暗的角落，我想，這方面我很像他。

這是伊娃的感想，講述這次事故如何改變了她對我的看法：

車禍發生後的最初幾天，唐的消極和沮喪讓我非常驚訝。他向來是一名勇士，總是督促自己和別人做更多的事。當唐不願主動呼吸時，我覺得他幾乎像是變了一個人。憂鬱症也是一個新的狀況。我學會辨識「低谷期」來臨前的各種徵兆。疼痛越加劇，情況就越糟；唐無法入睡，壓力也跟著倍增。

經過這麼多年我已經學會，就算放手讓唐自然發展、不去管他，他最終還是會穩定下來。每當我想告訴唐一些他需要知道，但又不知道的事，我總是得努力忍住不說出來——不過有幾次，我還是忍不住說了。

現在，我並不把唐看成一個受傷的人，儘管我明白他確實受了傷，而且永遠不會完全痊癒。唐的進展如此之快，很容易讓我忘記他曾受的傷和留在身體上的障礙。我的丈夫確實是個了不起的人。

父母對我的深切疼愛

對於我的康復，孩子們可能比我更有信心。他們從未目睹我接受治療，痛得打滾，或因病嚴重嘔吐的樣子，也沒看過我急著想站起來的模樣。我們盡可能保護他們，不讓他們看見太糟糕的景象。伊娃看過我最糟糕的時刻，但她盡可能保護孩子們免受我病痛的影響。

儘管孩子們不承認，但他們心理上確實有可能出現「父親空窗期」，尤其是雙胞胎。畢竟當時他們只有八歲，而我錯過了陪伴他們成長的重要時期，無法幫助他們學會一些事情，像是參加團隊運動和露營。

回顧過去，我認為這次事故對我父母造成的永久影響，遠超過任何人。事實上，他們為此心力交瘁。我是三個孩子裡的老大，而且我們向來很健康。我突然在三十八歲時遭遇這場車禍，儘管他們憂心不已，卻無法替我做任何事。有很長一段時間，他們都覺得我凶多吉少。

我的父親是一位職業軍人，這使得母親必須學會處理和應付所有事情，但是當他們在我住院的第一個星期來探望我時，母親還是昏了過去，得由父親摟著她走出病房。她還沒準備好看見我如此可怕的模樣——我想任誰都不會有這種心理準備。

直到現在，我仍不敢確定母親是否已完全從這次事故中恢復過來。不過有兩件非常美好的往事，讓我感受到父母對我的深切疼愛。

第一件事發生在事故後的第一個夏天，伊娃似乎嫌自己的事還不夠多，她決定帶南園浸信會的年輕人參加夏令營。這本來是我的工作（如果我的身體狀況允許），但她還是以非常積極的態度進行這一切，而這意味著必須有人在伊娃出門期間來陪病。

母親非常爽快地答應來照顧我。到了教會舉行青少年夏令營的那個星期，伊娃留下我和母親在一起。母親每天都會為我準備飯菜，我也很高興她能待在我身邊，唯獨一件日常瑣事令我忐忑不安——母親得幫我清理尿壺和便盆。我知道當我還是個嬰孩時，她曾為我換尿布、在我身上撲爽身粉，但那已經是很久以前的事了。

我記得第一次請母親幫我拿便盆的事。她表現得彷彿這是一件再自然不過的事，但當我使用結束後苦惱了很久，不知該怎麼告訴她。

母親化解了我的尷尬——她主動問我好了沒有。我點了點頭。她把便盆拿進浴室。接著我聽到一個聲音，那是我這輩子聽到最美好的聲音之一：母親走進浴室，沖洗便盆，我聽見她在唱歌。關於照顧他人，清理排泄物可能是最卑屈的事，母親卻一邊沖洗便盆，一邊唱歌，彷彿她所有的母性都在那一刻獲得成全。

她再次照顧起自己的兒子，完成兒子無法靠自己做到的事。母親對於自己能做到這一點感到既高興又滿足。我會如此珍惜這個時刻，是因為它代表了只有母親才能給予的至愛。

第二件事，則是我曾與父親有過一次單獨相處的機會，同樣令人感動，難以忘懷。有一天，我父母開了四百公里的車，在午後時分來到聖路加醫院探望我。結束後，他們準備動身，返回他們在波西爾城附近的家。

不知什麼緣故，我記不清了，母親先走出病房，只剩下父親一個人。他走到我床邊，牽起我身上唯一完好的肢體——我的右手，放在他粗糙多繭的手心。他貼近我，以無比的激動和無限的真誠對我說：「我願意付出一切代價，代替你承受這一切。」

這就是我的父親。聽到他的話，我比任何時候都更深刻體會到，他有多愛我。

一天摔倒三次的常態

醫師曾再三告誡我：「我們盡全力為你做了我們所能做的一切。不要指望自己會很長命，也不要指望這輩子還能獲得什麼很大的成就。面對關節炎和許多可能產生的併發症，你必須付出更多努力——甚至，就算想保持目前的狀態都是非常辛苦的。」

醫師說的完全沒錯。意外發生到現在已經十五年了。我已察覺到關節炎的早期症狀開始出現。氣候變化會影響我，而且也很容易感到疲勞。也許年齡是一個原因，但我認為這是因為我無法按上帝最初的設計來使用雙腿和膝蓋的結果。

現在，我的左膝仍然處於超伸狀態①，如果有人從我身後走來，無意間撞到我的背，我就得努力穩住自己，不然就會往前撲倒。我無法讓膝蓋保持在它應該在的位置，所以很容易失去平衡、向前倒。

我試著不去在意這個缺陷，經常自嘲：「在德州一些最美好的地方，都有我摔倒的痕跡。」或是：「我想做一些小紀念碑，上面寫著『唐·派普曾在此跌倒』。」有一次，我在德州的山區帶領一個戶外研討會。路面凹凸不平，我走著走著，突然就摔倒了。雖然沒有受傷，但第一天我竟然就摔跌倒了三次。

儘管醫師盡了一切的努力，我的一條腿還是比另一條腿短了將近四公分。我的脊椎因此歪斜，而且開始出現損傷的徵兆，我的髖關節也是。左手肘受傷過重，至今仍無法伸直。醫師盡了一切努力，包括對我的左手肘動了若干次手術，但我的手肘遭遇粉碎性骨折，就算醫師把骨頭拼起來，還是無法伸直。套句醫師說的，「這是一個脆弱的關節。」

醫師表示，這樣的創傷是無法挽回的。一旦受傷，就很難完全恢復。這也是我新的「常態」生活的一部分。

我還活著，也隨時可以離開

有一次，我去拜訪湯姆・格雷德醫師。他請我到他的辦公室。儘管他很忙，

① 膝超伸也稱為「反曲膝」，意指站立時，膝蓋後傾超過正常伸直範圍的現象。

但我覺得他的確對我很感興趣。我們聊了很多。

我一時興起，問他：「湯姆，事故發生那天晚上，當他們送我到醫院時，我的情況究竟有多糟？」

湯姆沒有迴避這個問題。「我看過更糟的，」他停頓了片刻，傾身靠了過來，接著說：「但他們沒有一個人活下來。」

我必須學著用不同方法來做事，不過我還活著，只要活著，我就要事奉耶穌基督。況且，我已經知道前面等著我的是什麼。我已經準備好，隨時隨地都能離開這個世界。

15

觸碰生命

願頌讚歸與我們的主耶穌基督的父上帝，就是發慈悲的父，賜各樣安慰的上帝。我們在一切患難中，他就安慰我們，叫我們能用上帝所賜的安慰去安慰那遭各樣患難的人。

——《聖經．哥林多後書》1:3-4

有時我仍會問上帝：為什麼不讓我留在天堂？我得不到答案，但我知道，上帝把一些人帶進我的生命。這些人或是需要我，或是需要聽見我傳講的訊息，讓我得以接觸他們的生命。

我第一次因這起意外而獲得服事別人的機會，是在一所大型教會擔任客座牧師的事。他們特別邀請我來講述我的天堂之旅。我剛開始分享不久，一位坐在我左手邊、靠近前排的女士便開始哭泣，我可以看見眼淚順著她的兩頰落下。聚會一結束，她就跑到我面前，跟我握手。

「我的母親上個星期剛去世。」

「我很遺憾你失去了母親……。」

「不，不，你不懂。今晚是上帝差遣你到這裡來。我需要這樣的明證。不是我不相信——我相信，但因為我失去了母親，內心非常沉重。現在我覺得好多了，她確實去了一個更美好的地方。喔，派普牧師，這正是我今晚需要聽到的。」

我還來不及說什麼，她已經抱住我，又說：「今晚也是上帝帶我來的，因為我需要這個明證。不是我不相信，也不是因為我不知道——我是個基督徒，我母親也是基督徒——但我需要在今晚聽到這些話、需要一個去過天堂的人，告訴我關於天堂的事。」

在我印象中，她應該是第一個對我說這種話的人，但絕對不是最後一個。後來，我聽到不下幾百次類似的回應。直到今天，我仍然感到驚訝，光是分享自己的經歷，竟然可以為那麼多人帶來祝福。

對於已經相信的人，我的見證令人安心；對於心存懷疑的人，我的經歷打開了他們的心，促使他們更認真地思考上帝。

找到一個理解你的人

意外發生兩年後，我帶領一群年輕人到休士頓第一浸信會參加大型聚會。當時我的腳上仍然戴著固定器，拄著拐杖走路。大會的講員是道森．麥卡利斯，他是一位傑出的青少年導師。道森很受歡迎，他的講道總是座無虛席。

我們比預計時間更晚才從南園浸信會出發，和年輕人一起做事常有這種情況。我沒說什麼，但因為已經耽誤了時間，心裡有點煩躁。我原本想早點到場，因為我知道，如果不能在聚會開始前至少一個小時到達，最好的位子就會被別人占走。

我試著不讓自己的焦慮顯露出來，不過當我們抵達休士頓第一浸信會時，我還是很沮喪：正如我所預料，當我們走進寬敞的會堂時，一樓的座位已經坐滿了。我們只能坐到樓上去。

想到還要多走一段路，我忍不住唉聲嘆氣。雖然已經可以走動，但是腿上的固定架和拐杖撐在腋下的壓力，使我備感疲累；更糟的是，電梯居然壞了。「要不是那個人遲到的話……」我不斷想：「我根本不用一拐一拐地爬這些樓梯。」

好不容易上樓一看，位子也幾乎都坐滿了，只有最上面幾排還有空位。這群年輕人本能地往上面跑，想搶位子。他們答應幫我留個位子。我忍著疼痛，走到上面，足足走了一百五十階。

當我終於走到最上面的座位，已經筋疲力盡。我勉強走完最後一段階梯，穿過禮堂後面，來到孩子們為我保留的座位。在坐下之前，我先靠在牆上休息了一會兒，因為坐下來也得花很大的力氣。我一邊喘氣，一邊自問：「我到底來這裡幹麼？」

我本來可以請其他人帶這群孩子過來，但我就是很想和他們在一起、我想重新感受自己是個有用的人。我也知道，對孩子們來說，這是一個令人興奮的活動，因此我很想參與。歡樂的笑聲和叫喊此起彼落，充滿整個會場。這群年輕人到這裡來蒙受祝福，也接受挑戰。然而在那個當下，我並沒有想到這些孩子，也沒有想到他們可以在聚會中獲得什麼，只想到自己已經筋疲力盡。

那一刻，自憐的情緒占了上風。我繼續靠在牆上，目光掃過觀眾席。在兩個觀眾區外的地方，我看到一個十多歲的男孩坐在輪椅上，頭埋在手心裡，背對著我。我看著他，清楚地知道我該過去和他聊聊。突然間，我不再對自己來這裡的目的心存懷疑，也忘了疲累。

我把拐杖靠在牆上，然後忍著疼痛，慢慢地走向男孩的方向，走下臺階。他是一個身材高碩、外表英俊的孩子，大約十六歲。當我走近他時，我才發現為什麼需要和他聊聊。他戴著骨骼外固定器——從我剛才站的地方是看不到的。我的疲累頓時消失了，憤怒和自憐也不見了。我彷彿看見自己坐在輪椅上，重新歷經那些日子經歷過的所有痛苦。

男孩並沒有看見我。當我把手放在他肩上時，他迅速轉過頭，惡瞪著我。

「戴這個很痛，對吧？」我問。

他看著我，一副「你是笨蛋嗎？」的表情，不過他回答：「沒錯，很痛。」

「我知道。」我拍拍他的肩膀。「相信我，我知道。」

他瞪大了雙眼。「你真的知道？」

「真的。我也戴過。」

「太可怕了。」

「我知道，的確非常可怕。固定器曾經在我的左腿上待了十一個月。」

「沒有人能理解。」他哀怨地說。

「別人無法理解。就算說了也沒用，沒有人能理解你的痛苦。」

我第一次從他眼中看到了一些東西。也許是希望，也許只是一種平靜，經過那麼長時間，他終於找到一個人能理解他正在經歷的事。我們的內心相遇了。我很榮幸能站在他身旁。

「我叫做唐。」我說：「你現在終於遇到一個人，能理解你經歷的痛苦和挫折。」

他注視著我，然後，眼睛變得濕潤。「我不知道自己能不能熬過這一切。」

「你會熬過去的。相信我，你會熬過去的。」

「或許吧。」他說。

「發生了什麼事？」那時，我意識到這名男孩也不是自願接受手術的。

「我滑雪時出了意外。」

我注意到他穿著一件繡有字母的夾克。於是我問：「你是足球隊員嗎？」

「是的，先生。」

我簡單向他描述了發生在我身上的意外，他也告訴我更多關於他的事。「我要告訴你一件事，」我說：「有一天，你會再次靠自己的力量行走。」

他的臉上露出懷疑的神色。

「也許你無法再打球，但你可以行走。」我把自己的名片遞給他。「名片上有我的電話號碼，你隨時都可以打電話給我，無論白天晚上，一天二十四小時都可以。」

他接過名片，仔細看著。

「我現在要走到上面，回到跟我一起來的孩子們那裡。」我指指孩子們所在的地方。「我希望你看著我。當你看著我的時候，我希望能讓你知道，有一天，你也可以像我一樣走路。」我笑著說：「而且我猜你會走得比我更好。」

他伸手拉住我，擁抱我。他抱了我很長一段時間，我能感覺到他強忍住淚水時的哽咽。終於，他放開我，低聲表達他的謝意。

「你找到一個能理解你的人。」我說：「記得打電話給我。」

這個男孩需要能理解他的人。我不知道自己能給他什麼幫助，但我有我的經驗，也能和他談論痛苦。假如我未曾親身經歷這些，就只能對他說：「我希望你覺得好過點。你會好起來的。」──大多數人都會說這樣善意的話語。

當我終於走到最上面一排時，汗流浹背，整個人都沒力了，但我不在意。我轉過身，男孩仍看著我。我一邊露出微笑，一邊向他揮手。他也向我揮手致意，沮喪和絕望從他臉上消失了。

接下來的六個月裡，我接過他三次電話。其中有兩次只是為了和我聊聊，還有一次是在深夜，當時他非常沮喪，我永遠珍惜這些對話。我們同樣在痛苦中掙扎著孤獨前行，這是同路人之間的對話。

回應求救電話

有一次，休士頓一家電視臺安排我參加一個現場直播的訪談節目。當我在電視臺休息室等候時，製作人走進來，向我解釋節目流程和一些可能會被問到的問題。

「好的，」我說：「請問節目來賓還有誰呢？」

「就是你了。」

「等一等。你們要錄一小時的節目，來賓竟然只有我一個人？」

「沒錯。」

我不知道我該在這一個小時裡說些什麼。我才剛復原，不確定人們對我的故事到底有多少興趣。當時，醫師已經拆除了骨骼外固定器，我只戴著鋼環，拄著拐杖。我帶了一些住院時拍的照片，他們在節目裡播出了；我還把骨骼外固定器也帶去了。

節目訪問一開始，我先講述了自己的故事，然後由主持人對我提問。一個小時很快就過去了。當我們還在節目現場時，一位女士打電話到電視臺並堅持：「我需要馬上和派普牧師談一談。」

電視臺無法中斷現場節目，但節目一結束，馬上有人遞給我一張紙條，上面是那位女士的電話號碼。我撥通了她的電話。

「你得和我弟弟談一談。」她說。

「他出了什麼事？」

「他在酒吧裡跟別人打架。有人掏出一把獵槍，轟爛了他的腿。他現在也戴著一個固定器，就跟你腿上戴過的一模一樣。」

「我當然願意和他聊聊。」我說：「他在哪裡？」

「他在家裡，躺在床上。」

「把地址告訴我，我會去……。」

「喔，不，你不能去。他現在很憤怒，對別人很刻薄，而且他有暴力傾向。他不會跟任何探望他的人說話。」這位女士把她弟弟的電話號碼告訴我。「請你先打電話給他，不過他現在情緒很糟，我保證他會先痛罵你一頓。」接著她又說：「說不定他馬上就會掛電話，但無論如何，請你試一試，拜託了。」

✦ ✦ ✦

一回到家，我立刻打電話給這位女士的弟弟。我先做了自我介紹，但還沒等我說完三句話，他就對我大吼了起來——和他姊姊所預期的分毫不差。他大喊大叫，用我這輩子完全沒聽過的髒話辱罵我，還重複了好幾次。

當他終於停下來後，我平靜地說：「你腿上戴的那個東西，我也戴過，就是那個固定支架。」

他沉默了幾秒鐘，於是我接著說：「我的左腿曾戴過骨骼外固定器，我能理解你現在所受的苦。」

「喔，拜託，這真的搞死人了，完全沒有不痛的時候，簡直……」他再次爆發，像是沒聽到我說話似的，繼續用大量髒話發洩自己的憤怒。

當他再次停下來時，我說：「我理解你戴著骨骼外固定器的感受。」

「你現在不戴了嗎？」

「不戴了，我終於擺脫它了。如果你照醫師吩咐的去做，你總有一天也會脫掉它的。」我的話聽起來沒什麼分量，但這是我唯一想到能說的了。

「如果我有扳手，我現在就會把它拆掉。」

「如果你把它拆掉，就等於把自己的腿也拆了，因為這是唯一能固定你腿部骨骼不移位的東西。」

「我知道，但戴著它實在痛得要命。我根本睡不著……。」接著，他再次爆發，告訴我他有多可憐，他有多憎恨這一切。

突然，我想到一件事，便打斷他：「你的腿現在看起來如何？針孔附近是不是覺得特別熱？固定器以上和以下的皮膚顏色一樣嗎？是不是覺得有幾個針孔就是特別痛？」

「對，沒錯。尤其是其中一個針孔——該死的，真的有夠痛。」

「你姊姊在嗎？」當男子說他姊姊在時，我命令他：「叫她來聽電話。」

他沒有爭辯。他的姊姊拿起電話。「謝謝你，」她說：「我非常感謝……」

「聽著，」我打斷她：「我要你馬上叫救護車，把你弟弟送到醫院，越快越好。他那條腿的感染很嚴重。如果不趕快送他去醫院，他會失去那條腿。」

「你這樣認為？」

「我很肯定，他符合了所有感染的症狀。他應該也正在發燒。你給他量過體溫了嗎？」

「對，沒錯。他是在發燒。」

「趕快送他去醫院。之後再打電話給我。」

上帝留我在人間的用意

第二天，那位女士打電話來。「你說的沒錯，他的腿感染了，而且情況很嚴重。醫師給他用了所有能用的抗生素，還說幸好及早送醫，他今天的情況好多了。」

「我想他應該還在隔離病房。」那位女士這麼說。聽到她的話，我便說：「我現在就過去看他。」

身為牧師，我當然可以（進入隔離病房）去探望他。我到了醫院，和他說了些話，又為他禱告。後來這個年輕人皈依了基督。

假如我沒有上那個電視節目、假如他的姊姊沒有收看，那麼，那名年輕人失去的可能不僅是一條腿，還極有可能丟掉一條命。上帝不僅使用我救了這個年輕人的身體，還使用我成全了祂的救恩。我開始了解到，上帝留我在人間，是因為仍有任務要我完成，而這只是其中一件罷了。

我能立刻覺察到這個年輕人的問題，是因為我住院時也曾有過同樣的經歷。我受到感染，腿痛得不得了。本來還以為那只是恢復期必須承受的痛苦，後來是一位護理師發現我腿上的一個針孔發生感染。

這讓我回想起往事。有一次，一位護理師導致我腿上的針孔發生交叉感染。她是一位暴躁的護理師，從來不像其他人那樣對我表示同情。她只做該做的事，但從她的模樣看來，她似乎很不想理我。

護理師會使用棉花棒清理針孔。按照規定，每清理一個針孔，就要換一根乾淨的棉籤。那次我注意到，那位護理師並沒有每次都更換新的棉籤，也許這樣可以加快處理的速度，而直到針孔發生感染，我才想起這件事。由於那位護理師的怠惰，我承受了加倍的痛苦。當醫院發現我的傷口感染、體溫升高，馬上把我送進隔離病房。我在那裡足足待了兩個星期。那段時間拒絕會客，沒人能來探望我。

伊娃向院方表示不滿，並告訴醫師發生了什麼事。在那以後，我就沒再見過那位護理師，我不知道究竟是醫院解僱了她，或是把她調去其他部門。

我知道自己有一天也會去天堂

我喜歡公開演講；能在我的母校路易斯安那州立大學演講，則是最令我興奮的。我和妻子伊娃就是在這所大學裡相識，而我們的三個孩子裡，也有兩個在那裡就讀。

我還曾多次為校園機構演講，其中之一那就是浸信會學院事工。當時，妮可在路易斯安那州立大學念書，並在該組織擔任同工。學院事工邀請我去演講，而我知道妮可也會出現在觀眾席上，因此備感興奮。

學院事工贊助許多校園活動，其中一項是週二晚上稱為「TNT」的敬拜讚美聚會。主辦單位邀請我在會中向大家分享我的經歷。

學生們在校園裡貼滿我的演講廣告。廣告的標題是「會說話的死人」。由於參加人數太多，事工接連安排兩場敬拜會。當我演講時，觀眾似乎被我從死裡復活的故事深深吸引。我談到天堂、禱告獲應允，還有神蹟。我告訴他們我在車子裡和迪克·奧尼瑞克一起唱〈耶穌恩友〉的故事。

每場聚會結束後，敬拜讚美小組都會帶領大家一起合唱這首意義深遠的詩歌。我不知道他們有這樣的安排，雖然我毫不懷疑是聖靈帶領他們唱這首歌。直到今天，每當我聽到或唱到〈耶穌恩友〉時，心中仍然百感交集。

敬拜結束後，有一大群學生等著向我發問。其中一位名叫沃特·福斯特的非裔美籍學生問了許多問題，並且留下來聆聽其他學生的問題。當我離開會場時，沃特仍跟著我。我並不介意，但他這麼執著地跟著我，感覺上像是他認為我對天堂情景的描述還不夠詳細，或者他還沒聽夠我的故事。

幾個月後，妮可打電話給我。「你還記得沃特．福斯特嗎？」她突然語塞，接著開始哭泣。我才說我還記得他，妮可便對我說：「他……他過世了。心臟病發作，一下子……一下子就走了。」

顯然，沃特知道自己患有嚴重的心臟病，也正在接受治療，但大家都以為他沒什麼問題。沃特的死，對所有認識他的人來說，無疑是記震撼彈。

「才二十幾歲的學生不應該死。」沃特的一位朋友說。

掛斷電話後，我回想起那天與沃特相遇的情景。我懷疑他已經預感自己快死了。之所以這樣猜想，是因為我在路易斯安那州立大學演講時，他不但一直跟著我，還問我一大堆有關天堂的問題。這讓我覺得疑惑，他的問題似乎不只是出於好奇。我想，也許在那時，上帝已在為他預備回家的旅程。

沃特的突然離世令他的親友悲痛欲絕，尤其是那些和沃特一起參與學院事工的學生。他們是一個連結緊密的團體，現在失去了一位親愛的成員，大家都感到萬分悲傷。沃特去世的第二天晚上，他們在學院事工大樓聚集——那是沃特最喜歡的地方。

當晚，在觸動人心的聚會上，沃特的許多朋友詳細講述了我的天堂經歷對他有何等重要的意義。許多人提到，沃特曾興高采烈地把他從我這裡聽到的事告訴他們。演講結束後的那幾天裡，他一直在談論這件事。

「派普牧師到學校來的那天，」其中一人說：「沃特對我說了好幾次：『我知道我有一天也會去天堂！』」

由於教會事務繁忙，我無法前往巴頓魯治市的第一浸信會參加沃特的追思禮拜。妮可代表我們全家出席，並在傍晚向我們回報了追思禮拜上讚頌沃特一生的情況。沃特的朋友提出兩個特殊的請求，一是希望牧師能在禮拜上宣講福音，二是希望能有人唱一首特別的詩歌——當然，這首詩歌就是〈耶穌恩友〉。與會者知道，這首歌對沃特有特殊的意義。

妮可在路易斯安那州立大學主修音樂，也是一名出色的獨唱者。她為在場的哀悼者演唱了這首詩歌。所有人儘管極其哀痛，卻也充滿榮耀的盼望。許多人流下了眼淚，也有許多人露出平安的微笑。

禮拜結束後，不少學生留下來，談論沃特對天堂的堅定信念如何深深地安慰並鼓勵了他們。

我在學院事工的見證與沃特的離世，後來還促成了一件美好的事。路易斯安那州立大學學院事工集資建造了一座禱告園。在我看來，這件事意義非凡，因為每當我分享自己的故事時，都會強調禱告的迫切與重要性。畢竟，我能活下來，就是因為禱告獲得了應允。

自從我遭逢意外並從天堂回來後，上帝讓許多人的生命與我的生命產生交集，包括沃特在內。下一次，當上帝呼召我回家時，沃特也將是在天堂迎接我的其中一人。

我天堂的經歷，讓癌末臨終的他放下恐懼

蘇．菲爾的第一任丈夫死於癌症，經過一段漫長時日的折磨才去世，也讓蘇承受深刻的傷痛，她一直以為自己會以寡婦的身分度過餘生，但鄰居查爾斯使她改變了主意：查爾斯也失去了配偶。蘇和查爾斯不只是鄰居，也因著共同的失落

經驗而成了好朋友。漸漸的，他們互相滿足彼此的需要。這種關係只有愛過又失去過的人才能明白。他們的友誼逐漸發展成愛情，並開始慎重地考慮結婚。

對於和查爾斯結婚這件事，蘇的態度相當保留，因為查爾斯來自一個蘇稱為「粗魯野蠻」的藍領社區。查爾斯也有酗酒的習慣，蘇則說她無法忍受這件事。

隨著兩人愛情的日漸增長，關於結婚，蘇只提了一個條件：「我不會嫁給酗酒的人。」

查爾斯不僅不再酗酒，甚至變得滴酒不沾。就這樣，他和蘇開始準備婚事。

有一次，他們談到各自配偶去世的情況——兩個人都死於癌症。「如果有一天我被診斷出罹患癌症，」查爾斯說：「我會自殺。」查爾斯深知，不僅生病的人受苦，他們所愛的人也要承受巨大的痛苦。「我不想讓任何人經歷這種折磨。」

他們終於結婚了，婚後生活很幸福。查爾斯再也沒喝酒，蘇在結婚前就一直很熱心參加教會活動；結婚後，連查爾斯也變得積極了。

然而有一天，查爾斯得到他最害怕的診斷結果，他真的得了癌症。現在，他必須面對自己內心深處的恐懼。他擔心這個結果會使蘇再次面對痛苦的折磨，就像她以前經歷過的那樣。

這項診斷結果也讓查爾斯面臨另一種恐懼：這個消息迫使他必須面對自己的死亡。「我怕死。」他承認。雖然查爾斯是教會成員，並說他相信耶穌，但他和許多人一樣，懷疑自己能否獲得救贖。蘇向查爾斯保證，她會盡一切努力陪他度過這次危機，但查爾斯對於自己是否已獲得救恩缺乏信心，這讓蘇感到擔憂。蘇曾多次聽我講述天堂的見證，她還把我的故事說給別人聽。

「你能跟查爾斯聊聊嗎？」有一天，蘇這樣問我：「他需要聽你本人講述這個見證。」

當時，我已在帕薩蒂那第一浸信會負責單身成人事工①，也就是我的現職。蘇和我在許多事工上都有合作。

「請你和他談談救恩，也請你和他聊聊死後的世界。我相信查爾斯需要一次男人與男人之間的談話，這對他會有很大的幫助。」

我當然了解查爾斯。我想，或許是因為他的過去，使得查爾斯認為自己不配得到上帝的救恩。我同意找時間跟他聊聊。

查爾斯說和我一見如故。他是個很棒的人，很好相處。後來我決定定期去探訪他，而且每次我去的時候，蘇都會找藉口離開房間，直到我準備離開時才出現。

儘管查爾斯的健康狀況不斷惡化，他卻從未露出一丁點憤怒和沮喪的情緒。我們甚至談到倚賴他人是一件多難堪的事，就連大小便、洗澡這麼私密的事，都需要別人的幫忙。

大約在第四次探訪查爾斯時，他終於敞開了心扉。「我很害怕。我想去天堂，但是我需要一份明證——想確定自己死後一定會去天堂。」

查爾斯談起他的人生。顯然他對上帝的信仰是真實的。只不過，查爾斯的情況和大多數人一樣，在和蘇結婚前的許多年，他並沒有成為基督忠心的追隨者。我好幾次引用《聖經》經文提醒他，上帝應許我們，天堂是所有信者的最終歸宿。

「我知道，我知道。」查爾斯說：「在我信主前，我知道我不會去天堂，而會去地獄；現在，我想確定天堂是存在的。」

我對天堂的描述鼓勵了查爾斯。「對，對，這正是我想要的。」他說。

---

①如同字面上所示，是針對單身成人（包含離婚、喪偶、分居或未婚者）的教會事工，目的在於提供支持系統，並參與教會服事。

在一次探訪中，查爾斯聊著聊著便露出微笑：「我準備好了。我很平安。我終於知道我會去天堂了。」

在最後兩次探訪中，查爾斯都對我說：「請再說一遍，請再說一遍天堂是什麼樣子。」

儘管我所說的他都聽過了，我還是再說了一遍。彷彿我每描述一次天堂的經歷，他的信心就再增添了一點。

在查爾斯去世前的一小段日子裡，蘇把查爾斯送到休士頓醫療中心的安寧病房，離我過去長期住院的地方只有幾步之遙。

臨終前一天，查爾斯告訴蘇：「不會有事的。我會擺脫痛苦，進入平安。有一天，我們還會相聚。」

當蘇打電話告訴我查爾斯的這番話時，她最後又加上了一句：「他去世的時候，毫無恐懼。」

在蘇努力走出悲傷與失落的過程中，查爾斯鎮定的確信與坦然接受的態度，為她帶來了平安。蘇告訴我，查爾斯曾在去世前的幾個星期提到，聽了我的經歷，並看見我生命所散發出的積極光輝，他的生命改變了。「問題解決了。」查爾斯說：「我會去一個更好的地方。」

蘇跟我分享她對查爾斯的回憶，笑著說：「我是不是很幸運？天上有兩個男人在等著我。我的兩任丈夫都是基督裡的弟兄。有一天，當我的時候到來，這兩個人會一邊一個，挽著我，陪我走在黃金鋪成的街道上。」

汽車銷售員神奇地聽了我的故事

當我們的雙胞胎兒子喬進入青春期後，我們決定為他買一輛二手車。喬想要一輛小卡車。我們四處尋找，最後終於找到一輛他喜歡的，是一九九三年出廠的福特 Ranger。

業務員名叫蓋瑞．埃蒙斯，在我們這一帶擔任汽車銷售業務已有很多年。我們選中喬想要的卡車後，就到辦公室裡完成交易程序。埃蒙斯先生給了我們一個很優惠的價格，喬就決定買下卡車了。

因為這次經歷，蓋瑞．埃蒙斯和我們家建立了良好的關係。此後，我們又向他買了三、四輛車。

蓋瑞是汽車銷售業務，也是一位賽車手。他約略知道一些我的故事，但不清楚詳情，不過他似乎對我的故事很感興趣，曾說有機會的話，想聽聽完整的經過，但總是沒機會，要不是他很忙，就是我急著走。

有一天，喬到車行付款，蓋瑞跟他打招呼。「你絕對不會相信，」蓋瑞咧嘴一笑：「昨天發生了一件神奇的事。」

「什麼事？」

「我去檢查一輛我們剛買進來的車。我坐進車子，按例行程序進行測試——你知道的，打開所有開關，看看運轉情況是否正常；聽聽引擎的聲音有沒有問題；檢查空調和音響是否正常。我發現裡面有一份錄音，於是按了播放鍵。」

蓋瑞停頓一下，露出微笑。「你一定猜不到這份錄音是什麼。」

「我猜不出來。」喬說。

「是你爸爸的故事。這輛車是我們在拍賣會上買來的，所以找不到車主，也沒辦法把錄音還回去。於是我把錄音拿回去聽了。聽完以後，我只能用四個字來形容：令人敬畏。」

回想起來，這的確非常神奇。蓋瑞一直想聽我的故事，但我們的時間總是對不上。

「這種機率能有多高？」蓋瑞問喬。「我去參加一場有數千輛汽車等待出售的拍賣會，然後我坐進其中一輛，按了一個按鈕，就聽到你爸爸的聲音。」

從那之後，我想蓋瑞一定把我的故事告訴每一個他遇到的人。

當然，這個見證對我是很大的激勵。我還聽過許多類似的故事，知道上帝用各種不同的方法使用我的見證。

當我在教會講道時，我錄了有關我在天堂經歷的錄音，並複製了很多份。這份記錄我見證的錄音不斷擴散並傳播。許多人聽到我的故事，複製後又送給那些正在經歷身體痛苦的人，也送給那些因失去親人而感到失落的人。

我只能說，是上帝的安排，讓蓋瑞．埃蒙斯得到這份錄音，並確保他聽到我的故事。

病重婦人臨終前改變了生命

有一天，我正走在教會的走廊，一位女士攔住了我。這並不稀奇。妻子曾開玩笑說，我走一公尺的路要花一小時，因為似乎每個人都有問題想問我，或是想告訴我一些事情。教會的會友超過一萬人，我需要和很多人接觸。

「派普牧師，我來這裡就是為了見您。我有些事想告訴您——我想您需要聽一聽。」

通常，說這話的人會再加上一句：「聽了對你有好處。」但他們講的往往不是我想聽的。一般來說，我身邊還有其他人在，導致我不知道該怎麼回應。不過這一次，當我注視這位女士時，我發現她臉上有種急迫感，以及因緊張而產生的激動。我轉向其他人徵詢意見：「你們介意我跟她聊聊嗎？」

當然，大家都很寬宏大量。

「我是一位有執照的護理師。你不會相信發生了什麼事。」

「我經歷過許多難以置信的事。你說說看吧！」

「這件事發生在醫院。一位女士的母親病得很重，進入醫院治療。她後來聽了你的錄音，這份錄音改變了她的生命。」

我當然聽過類似的故事，但我從不介意聽到新的故事，於是我說：「能請你說得更詳細一點嗎？」

「有人把你的錄音送給這位母親。她不是基督徒，但給她的人還是希望她能聽一聽。她的朋友曾試著和她談論上帝，也送她《聖經》、各種書籍和小冊子，但這些對這位母親完全沒用。她說：『我不想討論上帝、宗教或救恩。』儘管她病入膏肓，卻還是拒絕任何關於永生的訊息。」

這位護理師停下來，拭去淚水，繼續說：「後來有人送給這位母親關於你在天堂經歷的錄音——並問她是否願意聽一下。這個朋友沒有逼她，只是隨口說了一句：『這也許會對你有幫助。它的內容是一個人死亡、去了天堂，但又活過來了。』」

根據護理師的描述，這位母親表示，如果她想聽的話，她會聽的。朋友離開了，錄音帶留在她床邊的櫃子上，但她沒有聽。過了不久，她的健康狀況嚴重惡化，醫師告訴她女兒，她大概只剩下一個星期的時間，頂多兩週。

她的女兒是基督徒，非常希望母親能聽聽我錄音中的見證。這份錄音包含了兩個訊息：一是講述了我從死裡復活過程中發生的神蹟，並講到因禱告獲應允而讓我活下來的故事——內容和我在本書開頭所寫的一樣。另一則講述了天堂的景象。我把這個訊息稱為「醫治心靈創傷」，這也正是女兒希望媽媽聽的部分。

但這位母親拒絕了。「我不想聽這種東西。」她說。

✦ ✦ ✦

日子一天天過去，老婦人的病況越來越糟糕。和我談到此事的護理師也是基督徒，她知道這位病人的情況很不樂觀。在與老婦人的女兒商量後，這位護理師決定主動找這位病人討論靈魂的問題——她從來沒做過這種事。這位護理師心想：有些時候，比起家人，人們更容易接受由陌生人或不太熟悉的人所分享的正面見證。

值班結束後，護理師走進病房，問老婦人：「我能坐下來跟你聊幾分鐘嗎？」奄奄一息的老婦人點點頭。護理師溫柔但謹慎地談起信仰、上帝的平安，以及耶穌基督如何改變了她的生命。

在這個過程中，老婦人什麼也沒說。然後護理師提到我的錄音。「我聽過這份錄音。我覺得你應該會有興趣了解裡面的訊息。你想聽聽看嗎？」

老婦人點點頭。於是護理師把錄音放入音響，然後就離開了。

第二天，這位奄奄一息的老婦人告訴女兒和這位護理師，她已經聽完這份錄音。「我發現這個故事很有意思。我認真考慮是否成為一個基督徒。」

護理師和這位女兒很高興，但她們並沒有給即將去世的老婦人任何壓力。兩天後，這位老婦人說：「我已經成為基督徒了。」她先是告訴女兒，接著又告訴護理師。在那以後，不論是誰來探望她，這位不久人世的婦人都會說：「我已經成為基督徒了，我已經接受耶穌基督做我的救主，我要去天堂了。」

就在婦人宣布自己成為基督徒的幾個小時後，她的情況惡化，進入彌留狀態。第二天，當這位護理師來上班時，她得知老婦人已在幾分鐘前去世了。

護理師告訴我整個故事，接著又說：「你不會相信在她彌留時發生的事。」我還沒來得及問，她已經開口：「音響就擺在她床邊的櫃子上。她女兒按下播放鍵。她一邊聽著你講述的天堂，一邊離開了世界。在她離開世界、去見上帝前的最後一刻，她聽到的是對天堂的描述。」

儘管我努力保持鎮定，淚水還是從我的眼角滲了出來。

「我想你會願意聽聽這個故事。」

「是的，」我說：「謝謝你告訴我。這對我來說是很大的鼓勵。」

這位護理師又對我身旁的人講述同樣的故事，我感謝上帝讓我回到人間。

「喔！主啊！我真的看到自己留在這裡的意義。謝謝祢讓我聽到這個故事。」

我不介意「破碎與傾流」

有一次，我在休士頓南部的巧克力灣浸信會講道。他們邀請我分享我死後復活和去天堂的經歷。

我正在對自己的思路進行最後的整理。在浸信會，通常會在客座講員上臺前，安排詩歌獨唱或播放特別的音樂。一位女士從側門進入，接著吟唱讚美詩，她顯然不知道我等一下要講什麼。

她的歌聲很動聽。這首讚美詩名叫〈破碎與傾流〉，歌詞內容在描述是那位為耶穌洗腳的婦女所用的香膏玉瓶。

等她坐下來後，輪到我站起來，講述自己的故事。我並沒有把講道的內容和她所唱的詩歌連結起來，但我注意到有幾個人一直皺著眉看向那位女士。

聚會結束後，我聽見有人對獻詩的女士說：「你在唐演講前唱〈破碎與傾流〉這首歌，還挺有意思的。」他們說她唱歌「有意思」的口氣，其實是在說她唱這首歌「不是時候」。

「喔！」她驚呼一聲。我從她臉上驚恐的神情看出，她事先並不知道我講道的內容；很顯然的，她也沒有想過兩者之間的關係。

我們四目相交，她忍不住哭出來。「對不起，對不起。」

「沒關係。」我說：「真的沒關係。」說完，我便邁步走開。

「破碎與傾流，」有人說：「這不正是在你身上發生的事嗎？」至少有十幾個人都這樣說。還有人以為我們特地安排她唱這首歌。

我停下來往後一看，那個獻詩的姊妹正站在鋼琴旁哭泣。我感到抱歉，於是走回她身旁。「那是一首動聽的歌，講述一段美好的經歷。你並不知道我要講什麼，但沒關係，因為我想不出有比這更合適的歌。」

她滿懷感激地笑了，再次向我致歉。

「沒關係，真的沒關係。」我向她保證。

當我起身離開時，我想說不定我真的算是被「破碎與傾流」了。但同時，我有另一個想法，並忍不住莞爾一笑：現在我又被組裝在一起了。

16
尋找意義

我既然這樣深信，就知道仍要住在世間，且與你們眾人同住，使你們在所信的道上又長進又喜樂。

——《聖經．腓立比書》1:25

布萊德．特平是休士頓郊區帕薩蒂那的一名警官，他差點失去了一條腿，他的警用機車撞上一輛拖車的車尾。要不是急救人員在他腿上綁了止血帶，他早就因失血過多而沒命了。

松尼．斯帝德是我們教會的教育部門前任主管，也是布萊德的朋友，他請我去探訪布萊德。「沒問題。」我說，尤其是我聽說他也需要裝骨骼外固定器。我先打了電話過去，確認他歡迎我的到訪。不知為何，我在出發前拿了一些自己發生意外時和復原後的照片。

松尼開車帶我去這位警官的家。一進門，我簡直就像看到自家客廳似的——出院後，我在客廳裡待了幾個月。布萊德躺在一張照護床上，頭上有一組吊架。他的醫療裝置與我的相似，但不完全一樣；畢竟我發生事故到現在已經十多年，醫療科技更加進步了。

客廳裡還有其他人在，我坐下加入他們的談話。布萊德還算客氣，但我知道他見了這麼多人，一定已經覺得很厭倦。最後一位客人剛走，我便說：「跟那麼多人聊天，你一定很煩了，對吧？」

布萊德點點頭。

「我能理解。你覺得自己在這裡好像展覽品。電話鈴聲響個不停，每個人都想來看你。」

他再次點點頭。「我很感激他們來看我，但我需要一些安靜的時間。」

「我很抱歉打擾你，但松尼帶我來見你，因為我想告訴你可能會發生些什麼事。」我指著骨骼外固定器說：「我也戴過這樣的固定支架。」

「喔，你也戴過？」

我給他看了一些我的照片。先是給他看醫師為我裝上骨骼外固定器後所拍的照片。一張張照片所顯示的，是我每一步的進展。他仔細端詳每一張，看得出我原本的情況比他更糟。

「你復原了，對吧？」

「是的，我康復了，你也會。」

「你能順利度過這一切真是太好了，但我覺得自己未必過得了這關。醫師無法保證我一定保得住這條腿，加上他們都覺得事情不樂觀，更讓我有種前景黯淡的感覺。」

「沒錯，醫師都是這樣。」我說，同時清楚回想起那些日子的感受。「他們會盡量保守，不給你過多期待。他們知道，接下來這幾個月裡，你會一直戴著這組固定器，一切都會進展順利；但是在這段期間，你的腿也有可能發生感染，也還是有可能失去它。」

「我也這樣想。我只是不確定是否值得吃那麼多苦。」

「好消息是，隨著病況好轉，痛苦也會逐漸減輕。」

就在我們談話時，布萊德的妻子走了進來，她一直在旁邊靜靜聽著。「但是病情遲遲沒有進展已經讓我失去了耐心，而且沒有人告訴我們之後會發生什麼事。」她說：「我們正打算換主治醫師。」

「你們也許會找到更好的醫師，」我說，「不過再等一下，再多一點耐心。我相信你們的醫師已經盡了他最大的努力。」

接著我告訴他們，我也曾有過這種耐心達到極限的時候。主治醫師來巡房的時候，我滿肚子怒氣正無處可發。

「『坐下！』當時我對醫師大吼。

「他坐下了。我對著他數落一切讓我覺得討厭和不爽的事情，大約持續了五分鐘吧。然而當我看見他臉上的表情時，意識到自己傷了他的心；當然，我從來沒想過他會有什麼感受。我渾身是傷，每分每秒都處在疼痛的折磨裡，完全睡不著，我需要答案，厭倦了不管問什麼都只會回我『不知道』。我問他，我還要戴著這個固定器多久，他說：『可能一個月，也可能要兩個月，或是三個月。』他話還沒說完，我的怒火就徹底爆發了，又開始抱怨。最後我說：『為什麼你不能給我一個明確的答案？』

「他低著頭，輕聲說：『我正在盡自己的努力，但我不知道答案，所以無法告訴你。』

「『我只是想要……。』

「『我知道，但醫學不是量化科學。雖然看起來很像在浪費時間，但我們在這方面確實沒有太多經驗，而且這對我們來說是全新的技術，我們正在盡最大的努力。』」

在我告訴布萊德和他的妻子這件事後，我又補充了一句：「請耐心對待你們的醫師。他不能給你們他沒有的答案，但他會告訴你要做什麼，給你很多的藥、很多治療，你必須學會如何去應付這一切。」

「是啊，我當然知道。」布萊德說：「但我就是控制不了自己的情緒。我是個警察，經歷過許多艱困、難熬的狀況。我發現自己快崩潰了——我的意思是說，情緒上快崩潰了。你懂我的意思嗎？」

「我完全懂。那你就崩潰吧，這種事不會只發生一次。」

「我覺得自己快失控了。」

「你已經失控了。」

布萊德瞪著我。

「想想看。你能控制什麼？什麼都沒辦法。」

「我甚至沒辦法幫自己擦屁股。」

「就是這樣。你無能為力。你什麼都做不到，什麼事都無法控制。」

「可是，我在出事之前是個舉重選手，也是健美先生，」他說：「我擁有令人難以置信的健壯體格。」

「我一點都不懷疑。」看得出來，他曾擁有發達的肌肉和強健的體魄。「但現在這些都沒有了。也許有一天，你會再次擁有強健的身體，但現在你無法靠自己的力量起床，也做不到那些你以前能做的事，這些都會讓你改變——你要有面對改變的心理準備：體重會減輕，肌肉會萎縮，你無法再像過去那樣掌控你的身體。」

布萊德的妻子顯然也感受到龐大的壓力，她幾乎快哭出來了。「他就是覺得很難受，就算吃了藥也沒用。我真的不知道該怎麼辦才好。」

「我可以給你一些建議。首先，限制訪客和電話，不要讓別人想來就來。」

我說：「態度一定要堅定。如果你允許每個人來探望他，就會因為想表現出友善的樣子而搞得自己筋疲力盡。你的朋友會理解的。」

隨後我轉向布萊德：「你要為了接下來所有的治療做好心理準備，因為你一定會面對許多難關。如果想再次用自己的腳走路，那就去做。要有耐心，這會是一段漫長的旅程。我能告訴你的最好建議就是：不要想當個『獨行俠』。」

我停頓了一下，差點笑了出來，因為想到自己以前的樣子。

「告訴別人你哪裡受了傷，告訴他們該怎樣幫助你——尤其是你信任的人。讓他們知道，這樣他們就能幫你的忙，讓他們為你禱告。你會有很多好朋友來家裡看你，他們也許希望給你帶個蛋糕、為你煮一頓飯，或為你做點別的什麼。你得讓他們有機會表達他們的友誼和愛。」

聊了幾分鐘後，我起身打算離開。在這之前，我寫下自己的電話號碼。

「打電話給我。不管是到了凌晨三、四點還睡不著，或是覺得很生氣的時候，都可以打給我，我會接電話。我會理解，是因為我能理解。我們同病相憐，而且都不是自己要選擇這樣的。」

在我離開前，布萊德說：「我對你能來看我有說不出的感謝，能和一個了解我痛苦的人聊聊，對我有很大的幫助。你是我見過第一個知道什麼叫『一天二十四小時都活在疼痛中』的人。」

「我原本沒有打算做這些事——探望那些承受和我一樣痛苦的人，」我說，「但我願意這麼做。我想幫助別人，只是你得自己打電話給我。記住！不要一個人硬撐。」

不要認為他是針對你

布萊德的妻子送我離開，一直送到車門邊。她說：「他需要這樣的談話。在別人面前，他一直努力為其他人帶來力量，表現得很積極。可是獨處的時候，他的情緒其實很不穩定，經常處在低潮和沮喪裡，最後就是崩潰。我真的很為他擔心。我們在一起這麼久，我從沒看過他這樣子。」

「我還記得，當時我太太整天在學校辛苦的教書，下班後還要陪我到晚上，」我說，「陪他堅持住。他會好起來的。」

我告訴她，有一次，我的狀態真的糟糕到不行，伊娃因為想鼓勵我，於是對我說：「不用著急，你會好起來的。」

挫折和憤怒在那瞬間爆發出來：「你憑什麼認為我會好起來？我能復原的機率是多少？沒人能告訴我，也沒人能向我保證！」

好在伊娃沒有與我爭辯，她抱住我，而我哭了。在這之前，我從沒在她面前哭過。

我向布萊德的妻子說到這件事，並說：「你要做好準備，迎接勢必會發生在彼此生活裡的改變。他無法控制自己的情緒，所以當他大叫或咆哮的時候，千萬不要認為這是針對你。那是疼痛和挫折造成的，不是你。」我握了握她的手：「看在上帝的份上，如果你需要，就打電話給我。鼓勵布萊德打電話給我。」

在那以後，我和布萊德又見了四、五次面。幾星期後，我在一家餐廳碰到他，他已經能靠著助行器出門了。我走到他的桌前坐下。「你好嗎？」我問。

「很好，真的很好。」他再次感謝我在他情緒最低潮時出現。他還沒完全康復，但他的健康情況越來越好。當他握住我的手，久久不願鬆開時，我知道他正在用這種方式向我表達難以言喻的感激。

感謝上帝，讓我能在布萊德最難熬的時候支持他。

記住，你會好起來的

在我發生車禍的兩年後，我聽說查德．福維也遭遇了嚴重的車禍。他是南園浸信會青年事工的成員。在教會裡，查德的父母是最支持我的家長之一。他的母親卡蘿曾和其他組員一起到我的病房來討論青年退修會的事。儘管當時的我對事工沒有太大的幫助，但他們用這種方式讓我覺得自己仍是一個有價值、有用的人。

查德曾是一位傑出的足球運動員。進大學前，他在我們的青年球隊裡待了將近一年。

當我打電話給他母親時，她告訴我，他們已用直升機把查德送到加爾維斯敦市的約翰．思理醫院。我不清楚查德的傷勢如何，但他母親說：「根據報告，他的小腿斷得支離破碎，現在裝了固定器。」

聽到「固定器」這個詞時，我知道我必須去見他——我本來就打算去，無論情況如何，因為查德是南園浸信會的一員。但「固定器」這個詞讓我覺得情況比想像中更緊迫。

當我走進病房時，查德沮喪地躺在那裡，很顯然不想說話。這不像我認識的查德。以前他總是很高興看到我，臉上會露出開心的樣子。但這一次，儘管他知道我來了，卻不願意跟我說話。

「你好嗎？你還撐得住嗎？」我問他，然後看向他的腿。「我看到他們給你裝了固定支架。」

「是的，他們裝了。」他說。

「查德，你還記得我出事的時候嗎？他們也在我身上裝了這個東西。」

「真的嗎？」他問，第一次用好奇的眼神看著我。我不確定他是真的從沒看見我戴固定支架，還是他忘了。我靠他更近：「記住，我知道身上戴著這東西是什麼感覺。」

他的傷在小腿上。由於小腿原本就有兩根骨頭，因此治療起來並沒有那麼困難。就我在離開前所知道的，他的預後非常樂觀。

我能與查德聊聊，並握著他的手和他一起禱告，讓他意識到我確實能理解他的處境。查德第一次察覺到自己將面對怎樣的醫療挑戰。在此之前，就像我遭遇車禍後一樣，沒有人能給查德具體的建議。也像我一樣，他同樣感到生氣和沮喪。

「疼痛會持續很久，復原的過程彷彿看不到盡頭，但你會好起來的。只要記住！你會好起來的。」

查德真的好起來了。

天堂裡的紅髮女高音

喬伊思．潘特考斯在三十九歲生日的前一週因癌症過世。我非常喜歡喬伊思。她與伊娃的哥哥艾德結婚，並育有兩名擁有紅髮的漂亮孩子——喬丹和卡爾頓。

喬伊思除了是我所認識最活潑的人之一，還是一位熱情洋溢的歌手。只要她走進房間裡，就能使整個房間的氣氛都活絡起來。她不只是為大家唱歌，而是如同知名音樂劇演員伊瑟．默曼①般，聲音宏亮且極富情感。

阿肯色州福瑞斯特市的第一浸信會為她舉辦了追思禮拜，六百多人將會堂擠得滿滿的，而我也很榮幸能在禮拜中致詞。喬伊思曾錄製幾張基督教音樂專輯，這是她為我們留下的珍貴禮物。在那個陽光普照的下午，我們聽著喬伊思演唱她所錄製的〈三一頌〉，這是一首當在聚會結束前所吟唱、祈求祝福的祝禱之歌。

聽完她的錄音後，喬伊思的父親查爾斯・布萊德牧師分享了一篇有關盼望和救恩的訊息。他告訴會眾：「幾年前，喬伊思和我立下一個約定。如果我先走了，她會在我的葬禮上獻唱；如果她先走了，我會在她的葬禮上講道。今天，我完成自己與乖女兒所立的約。」

那一刻仍然歷歷在目。人們露出悲傷的微笑，淚水流淌，但我並不覺得有任何人感到憤怒或絕望。

喬伊思的父親總結他的訊息後，輪到我上臺分享。

「也許今天有些人會問：『喬伊思怎麼會死？』」我則想說：「但我想告訴各位，更好的問題是：她活得如何？她活得很好，親愛的朋友，她活得非常好。」

我告訴這群悲傷的人，喬伊思是一顆披著紅髮的彗星，劃過人生的舞臺。

① 美國知名歌手暨音樂劇演員，有「音樂劇舞臺公認的第一夫人」之稱。唱紅了許多百老匯音樂劇的經典歌曲，並曾獲東尼獎最佳音樂劇女主角等獎項。

她這一生和滿滿的愛為他人帶來喜悅，她是忠實的朋友、理想的女兒、熱心的阿姨、可愛的姊姊、慈愛的母親，也是出色的妻子。為什麼這樣的人會死？在這個會堂裡，想必有許多人的心被這個問題刺傷。但我坦率地承認，關於這個問題，我沒有答案。

「雖然沒有答案，但我們還是得到了安慰。」我說。「喬伊思堅信，如果她死了，她會立刻與上帝同在；如果她活著，上帝也會與她同在。這是她活著的理由，也是我們繼續活著的理由。」

最後，我分享了與喬伊思獨處的一段時光。在喬伊思從醫院回家前，我和她最後聊到的，是有關天堂的事。她樂此不疲地一次次聽我描述在天堂的經歷，而且似乎永遠聽不夠，因此，我再一次帶她「遊歷」那裡。我們談到天使、天堂的大門和我們所愛的人（喬伊思的母親同樣死於癌症），喬伊思總是要我描述那裡的音樂，而我們最後談的也是音樂。

「就在幾天前，」我對會眾說：「我相信上帝坐在天堂的大門裡，祂告訴天使：『我們這裡需要一個紅髮女高音。』」

「『那會是喬伊思．潘特考斯！』」天使說。

「上帝差遣天使來，呼召喬伊思，她回應了這呼召。她現在正和天使們一同歌唱。喬伊思．潘特考斯離開了她的身體，與主在一起。」

致詞中，我以問句作結：「如果你知道一個人去了哪裡，你能說我們失去了他嗎？」

車禍發生那年，我三十八歲；喬伊思被診斷出罹患癌症時，也是三十八歲。我度過了磨難，活了下來，喬伊思卻沒有。但是我知道，正因為我經歷了天堂，我才能幫助她和她所愛的人面對死亡。現在我也正在幫助你面對死亡。

盡最大努力成為他人的安慰

在我發生意外後，我曾多次希望，那些裝過骨骼外固定器、並因此受痛苦折磨的人能來醫院探望我。我知道這會減輕我的不安。

每當我聽說有人和我一樣裝上骨骼外固定器時，我都會試著與他們聯繫。當我與那些長期受病痛折磨的人交談時，我會盡量坦誠地告訴他們，復原的過程沒有捷徑，他們得對這一點心知肚明。因為我經歷過，所以能以過來人的身分告訴他們，而他們也聽得下去。復原確實需要花費很長的時間，但他們會漸漸好轉。此外，我也會讓他們知道，自己在短期內將會面對什麼難題。

我與查德、布萊德，以及其他人碰面的經歷提醒我，上帝讓我留在人間確實有祂的目的。在我漫長的康復過程裡，有時我真的極度渴望前往天堂。但現在回想起來，當我與他人分享自己的經歷時，我能看見將我從天堂拉回地上的，其實是一股溫柔的力量。「當上帝再次準備帶我回天家時，」最後我會說：「他釋放了我。」同時，我會盡最大努力成為別人的安慰。

就像當時的我，那些人第一次看見裝在自己腿上的固定器時——尤其是當他們開始承受巨大的疼痛，並且動彈不得時，往往會被沮喪所淹沒。他們不知道接下來會發生什麼事。儘管醫師盡力保證他們可以康復，但由於過度劇烈的疼痛，就算醫師再怎麼安慰都無濟於事。

有些時候，這些人會不經意地對我說：「我很快就會好起來的。」「你可能會好起來沒錯，但不會很快。」我說：「這是長期抗戰，沒有其他捷徑能縮短整個過程。當你面對如此巨大的損傷時，沒有什麼簡單的解決方案可以用。不如現在就開始學著與它一起生活。」

✦ ✦ ✦

我還有一些其他的故事，但以上這些經歷幫助我度過生命中一些黑暗的時期。我再次找到活著的意義。雖然我仍渴望回天堂，但在現實裡，這裡就是我的歸屬之地。我正在這地方活出我生命的意義。

17
渴望家園

是為那給你們存在天上的盼望；這盼望就是你們從前在福音真理的道上所聽見的。

——《聖經．歌羅西書》1:5

我很喜歡一個故事，主角是一名小女孩。這個小女孩出門去了，但媽媽不知道她去了那裡。因為擔心她、怕她會不會出什麼事，於是站在家門前，高聲呼喚女兒的名字。

幾乎就在同時，小女孩從鄰居的房子裡跑出來。母親抱住她，說她心裡很著急，最後問小女孩：「你去哪裡了？」

「我去隔壁陪史密斯先生。」

「你為什麼要去他家？」

「他的妻子死了，他很傷心。」

「喔，我不知道發生了這種事。」母親說：「但你在那裡做什麼呢？」

「我只是幫他哭出來。」

從某種意義上說，這正是我所做的事。告訴別人我的經歷，就是我用來與那些痛苦之人同哀哭的方法。

在那裡我只會經歷喜樂

我發現自己為什麼能為那些面臨死亡或失去至愛的人帶來安慰：因為我去過天堂。我能給他們十足的保證，天堂是個充滿喜樂的地方，這喜樂不但無與倫比，且難以形容。

毫無疑問的，我知道天堂是真實存在的，比我一生中所經歷的任何事情都要真實。有時我會說：「想想你遇到過最壞的事、最好的事，還有那些在最好和最壞之間的每一件事——天堂比那些事都更真實。」

自從我回到人世之後，我非常清楚地感受到，人生是一段旅程。在生命來到終點，無論要前往天堂或是地獄，那裡的生活都將比我們現今在地上的生活更加真實。

當然，在意外發生前，我從沒想過這個問題。過去，天堂不過是一個概念，是我所相信的某種事物，只是我並沒有時常想到它。

但在意外發生後的幾年裡，我反覆想起耶穌被賣和釘十字架前，他和門徒們相聚的最後一個晚上。在耶穌準備前往天堂的幾個小時前，他和門徒坐在樓上。他懇切地要他們不要疑惑，要信靠他。接著耶穌告訴他們，他要離開了，並說：「在我父的家裡，有許多住處。若是沒有，我就早已告訴你們了。我去原是為你們預備地方去。我若去為你們預備了地方，就必再來接你們到我那裡去，我在那裡，叫你們也在那裡。」（《聖經．約翰福音》14:2-3）

我以前從來沒有認真研讀過這段經文，但耶穌用了兩次「地方」這個詞——一個地點（location）。大多數人或許對這個詞彙無動於衷，但我卻時常想到它。

這是一個真實的地點，我可以證明我知道這個地方，我也實際到過那個地方。我知道天堂是真實的。

車禍發生之後，我對生命的體悟比以前更強烈，也更深刻。任何人只要在病床躺上一年，也會變成這樣，但對我來說，不只是因為這樣。在天堂的九十分鐘使我留下如此深刻的印象，讓我不再是從前的那個我，我不再完全滿足於地上的生活，因為我活在期待之中。

我經歷過的痛苦，遠超過我以為一個人所能承受的，而我又活下來告訴別人這件事。儘管那幾個月經歷了撕心裂肺的疼痛，我仍能感受到，天堂的真實性，遠遠超過我曾遭受的苦難。

我是一個講求行動力的人，很少放慢腳步，因此常常得跟別人解釋，為什麼我不能做某些事。當我穿戴整齊的時候，大多數人根本不會意識到我身上有如此嚴重的傷。但當我面對重塑過的身體無法勝任的動作時（人們會很驚訝，因為有些動作看起來非常簡單），常會讓別人覺得我很怪。

「你看起來很健康啊，」不只一個人這麼說過：「你怎麼了嗎？」

有時，我跟別人一起下樓梯——這對我來說是一段艱難的過程——他們聽到我膝蓋摩擦的聲音，於是轉過身來問我：「那可怕的聲音是你發出來的嗎？」

「沒錯。」我笑著說：「是不是很好笑？」

我表現出來的模樣往往給別人一種錯覺，以為我的活動能力比他們想像的要強，但我知道，我做得到的事十分有限，即使別人看不出來。我努力學習正常的走路方式，因為不想引起別人的注意——裝著固定器的那段時間，我受夠了別人的異樣眼光和驚訝的表情。

我試著讓自己的行動和外表看起來都與他人無異，並不斷地自我激勵，我就是用這種方法克服自己的弱點。我已經學到，如果我一直很忙，尤其是忙著幫助別人的話，就不會去想身體遭受的痛苦。這麼說似乎有點奇怪，但我的痛苦竟也成了一帖藥方。我打算這樣繼續下去，直到自己走不動為止。

人類發明了時間概念，但我們也成了此一概念的受害者，不得不以它的尺度來思考——這就是我們的思考方式。這對我來說是個重要的觀點。根據我好奇的天性，我很想知道回到地上的這些年，我的天堂歡迎團在做些什麼。

當我思考這件事時，我不相信歡迎團成員會說：「喔，真可惜，他不能留下來。」他們仍會在天堂門口，仍在等待。對他們來說，時間並不會流逝，一切都在永恆之中——即使我無法用言語表達。在我再次回到天堂前，即使十年過去，三十年過去，在天堂都只是一瞬間。

在那年一月的某個早晨，我去過天堂。那不是我主動做出的選擇。我所做的唯一選擇，是某天我決志歸向基督，接受祂做我的救主。儘管我配不上，祂仍允許我去天堂。我知道當我下次再去天堂，就會永遠待在那裡。

我沒有求死的欲望，也沒有自殺的傾向，但我每天都想回去，我渴望「回家」。當上帝安排的時間到了，我相信自己一定會回到那裡。現在我期盼那個時刻來臨，熱切地等候那一刻。我完全不怕死亡。為什麼要怕？沒有什麼好怕的——我在那裡只會經歷喜樂。

就像我前面提到的，當我恢復意識、回到地上時，痛苦和失望填滿了我。我不想回來，但這不是我主動做出的選擇。

有很長一段時間，我無法接受上帝送我回來的事實。但即使身處失望中，我也知道，所有發生的事情背後，都有上帝的旨意：我去天堂有其理由，回來也有其目的。我逐漸領悟到，上帝給了我一段特殊的經歷，也讓我瞥見永恆是什麼樣子。

雖然我渴望回到天上的家，但我仍在繼續準備，直到最後的呼召來臨。

✦ ✦ ✦

經過三十四次手術和多年的痛苦經歷，我明白《聖經》中保羅給哥林多教會的書信中隱含的真理：「願頌讚歸與我們的主耶穌基督的父上帝，就是發慈悲的父，賜各樣安慰的上帝。我們在一切患難中，他就安慰我們，叫我們能用上帝所賜的安慰，去安慰那遭各樣患難的人。」（《聖經・哥林多後書》1:3-4）

只要我還活在人間，就代表上帝對我仍然有祂的心意。只要知道這一點，我就能忍受痛苦，面對我身體上的障礙。

在我生命最黑暗的時刻，我想起一首老歌裡的歌詞：「當我們看見耶穌的時候，一切都並非徒然。」[1]

---

[1] 出自〈一切不徒然〉（it will be worth it all）。並曾獲東尼獎最佳音樂劇女主角等獎項。

我確信，這一切都不是徒然。

18

有關「為什麼」的問題

> 我們如今彷彿對著鏡子觀看，模糊不清；到那時就要面對面了。我如今所知道的有限，到那時就全知道，如同主知道我一樣。
>
> ——《聖經．哥林多前書》13:12

我多次在電視上看到有人談起他們的瀕死經驗。我承認這個主題很吸引我，但我也抱著存疑的態度——事實上，我非常懷疑。不管那些人談到什麼，我都覺得他們的腦子可能出了什麼問題，或是在他們早在記憶裡儲存著某些事物，只是再次體驗而已。我並非懷疑他們的真誠，他們也想相信自己所說的話。

我看過許多訪談節目，也讀過一些死後又從鬼門關搶救回來的故事。這些描述個人痛苦經歷的故事，看起來往往有編造的痕跡和驚人的相似性，簡直就像照抄別人的考卷。有人聲稱自己曾死亡超過二十四小時。後來他寫了一本書，說自己曾和亞當、夏娃交談。但地球上第一對夫婦所告訴他的一些事，竟與《聖經》記載不相符。

儘管到現在，我對他們的很多見證仍然存疑，但我從來不曾懷疑自己的死亡經歷。那次經歷如此令人震撼，使生命產生了如此巨大的改變，以至於我難以開口向人講述。所以我才會在事故發生的兩年後，在大衛·金泰爾的強烈要求下說出這件事。

這些年來，我讀過不少有關瀕死體驗的研究報告，也常常思考這件事。

二〇〇一年十二月，英國醫學會期刊《刺胳針》刊登了有關瀕死體驗的研究報告。在此之前，許多科學和醫學專家駁斥這類戲劇性事件，將它們視為一廂情願的妄想，或是因大腦缺氧而引起的幻想。

這項研究在荷蘭進行，是該領域的先驅研究之一。研究人員並沒有對那些自稱有過瀕死體驗的人進行訪談。相反的，他們追蹤了數百位病患，這些病患都是在經歷臨床死亡（也就是心臟停止跳動）後，又因急救而恢復生命跡象的。研究人員希望透過這個方法得到更正確的資料，因為這是在事發後就記錄下來的病患報告，而不是在甦醒很長一段時間後才記錄當事人的回憶。

研究結果是，在受訪的所有病患中，約有百分之十八的人對發生在臨床死亡時的事有記憶。約有百分之八至十二的人，他們的記憶與一般認定的瀕死體驗類似，例如看見白光、穿越一條隧道，甚至跨入天堂、與已死的親友說話。研究人員的結論是：死後經驗或瀕死體驗只是「一些我們希望相信是真的」的事。

另一方面，另一組學者對三百四十四位從死裡搶救回來的人進行訪談研究（年齡從二十六歲至九十二歲），且這些受訪者多半是在事發後五天內接受訪談。研究人員在兩年後再次追蹤這群人，第八年又再次進行訪談。

研究人員發現，瀕死體驗與心理、生理或醫療因素無關——也就是說，這些體驗與瀕死大腦所發生的歷程無關。多數病患都能清楚回想起所經歷的事，因此研究人員認為，這現象駁斥了瀕死體驗的記憶有誤的說法。

對我來說，最重要的是，有過這種體驗的人都表示，自己的性格發生了顯著的改變。他們不再恐懼死亡、變得更有同理心、更願意付出，也更願意去愛。

科學研究其實未能證明瀕死體驗的真實性。不管有沒有做過這些研究，總有些人相信瀕死體驗只是垂死之人的一種心理狀態；另一些人則主張，有確切的證據證明瀕死經驗是真的，並要求科學家重新檢視那些否定靈魂出竅的理論。

我無意解決這個爭論，只是把自己的經歷說出來。不管研究者怎麼說，我知道自己確實去過天堂。

我花了許多時間思考這件事「為什麼」發生，而不是發生了「什麼事」。我只得到一個確實的結論：在遭遇車禍前，我對瀕死體驗抱持存疑的態度。我就是不明白，一個人怎麼可能死了、去了天堂，又能回來講述這個過程。我從不懷疑有死亡、天堂的真實性，或是死後的生命，我只是對瀕死體驗的相關描述表示懷疑。那些故事聽起來像是編造的，而且太相似了。後來，我死了一回、去了天堂，又回來了。我只能陳述發生在自己身上的事，也從不認為這是自己的想像，或是精神錯亂，或是從以前聽過的故事拼湊得來的。我確實知道天堂是真的，我去過那裡，又回來了。

事情說穿了就是這樣：除非有一天，有人死去了相當一段時間後再次復活，並帶著死後生命不可否認的證據，否則瀕死體驗始終是一件關乎「相信」的事，甚至只是一個推測。然而，正如我一位朋友所說的：「有什麼好大驚小怪的？」

他們永遠知道誰會來

有一次，我和一大群會眾分享自己的經歷，其中包括我的岳父母——艾爾頓與艾瑟兒．潘特考斯。在我遭遇事故與後來漫長的康復期間，他們始終如一地支持我，為我付出大量心力。

分享結束後，我們去了他們家。正好有一段時間，只有艾爾頓和我兩個人獨處。他告訴我：「你第一次分享去天堂的故事時，我很生氣。」

我根本不知道他有這種感受。

「你最後說，你一點也不想回人世。」

我點點頭，表示確實如此，但不清楚他的言下之意。

「我當時不懂，但現在已經不一樣了。這次當我聽到你描述天堂的美好時，我開始能夠理解，為什麼你寧願暫時離開我的女兒和外孫。你知道——你的確知道，不是嗎——有一天，他們會與你重逢。」

「毫無疑問。」我說。

艾爾頓這番話令我措手不及。當然，他說的沒錯。我親自替我的孩子施洗，也親眼看著我的妻子受洗。我知道他們的信心是真的。我憑著信心知道，他們有一天會安居在天堂。但我在天堂的時候，從沒想過要與他們分離。在天堂的人完全意識不到誰「不在」那裡。他們知道誰會來。

即使今天，我仍能坦白地說，我寧願留在天堂，但我的時間還沒到。如果我知道自己在離開天堂後，必須面對被關在加護病房兩星期、臥床治療一年，以及經歷三十四次手術，那麼毫無疑問的，我會從踏上天堂的那一刻就沮喪不已。不論如何，這不是我的選擇。我回到地上，聽到一個禱告的聲音，聽到鞋子踩碎玻璃的聲音，還有油壓剪切開被壓扁的小車的聲音。

在一切的經歷中，上帝要我學到什麼？

有個問題一直困擾著我：為什麼？

這個「為什麼」有很多：

為什麼我會死於那次車禍？

為什麼我有這個特權能去天堂？

為什麼我瞥見了天堂，卻又被送了回來？

為什麼我幾乎死在醫院裡？

為什麼從一九八九年一月十八日起，上帝要讓我活在持續不斷的疼痛中？

最直接的回答是：我不知道。直到今天，「為什麼」這個簡單的詞彙，仍是人類最難回答的問題。我們天性好奇，我們想明白事物。

這幾年來，我還是很難開口講述自己所遭遇的事。有好幾次，我試圖自己動筆寫，卻總是失敗。正因為如此，我才請我的朋友塞斯．墨菲幫助我完成本書。如果要我自己寫的話，這本書絕對無法完成。要重新回溯自己所經歷過一切情感上的創傷，真的太難了。只有請別人代筆，我才能承受得了這段痛苦的經歷。

我仍不知道為什麼會發生這樣的事。

但我確實知道，在生命中最黑暗的時刻，上帝與我同在。

除了問「為什麼」，我還有別的問題。它們對我來說更重要，值得我深思。

上帝是不是為了讓我知道真正的痛苦是什麼滋味，好讓我能理解別人的痛苦？

還是上帝想讓我知道天堂有多麼真實？

我經歷了死亡，又經歷了漫長的復原，上帝想要我從這一切經歷中學到什麼？

我的經歷如何能對別人產生最大的助益？

經過這麼多年，我還是找不到大部分問題的答案，但學到了一些功課，也意識到上帝讓我活在人間有祂的理由。我也許永遠都不知道這一點，反正上帝也沒有義務向我解釋。

關於大部分的問題，儘管我仍找不到圓滿的答案，但我心中有平安，知道自己該留在上帝希望我待的地方，也知道自己正在做上帝交付的工作。

《聖經．約翰福音》中的一個故事令我深感安慰。一個天生失明的人遇見耶穌，結果他的眼睛獲得了醫治。之後，他到處讚美上帝，但他獲醫治的事卻讓宗教領袖們感到為難，因為他們企圖煽動人們反對耶穌。他們審問這名曾經失明的人，試圖強迫他承認耶穌是罪人，是個騙子。

這人卻明智地回答：「他是不是個罪人，我不知道；有一件事我知道，從前我是眼瞎的，如今能看見了。」（《約翰福音》9:25）。同樣的，也許有人不相信我的故事。他們會認為這是我在遭受嚴重創傷時，心理上產生的某種自我滿足。但我不必為我的經歷辯駁什麼。

我知道在我身上發生了什麼事。對於像我們這種相信天堂真實存在的人，根本不需要任何證據。我知道自己經歷了什麼。

我相信上帝給了我一個提示，讓我看到天堂的永恆。

我也相信自己仍活著的原因之一（正如我先前所說的），是別人的禱告。迪克．奧尼瑞克的禱告讓我活過來——而且我的大腦毫無損傷。因著大衛．金泰爾和其他人的禱告，上帝沒有召我回天家。

我在這裡，我還活著，因為上帝在我生命中的旨意尚未獲得滿全。當我成就了上帝給我的使命時，我會回到自己渴望回去的地方。我已在天堂完成最後的預約，有一天我將回到那裡，並且永住在那裡。

我祈禱，有天也會在那裡見到你。

致謝

之所以寫這本書，是為了把事情說清楚。自一九八九年以來，我不斷講述自己的經歷，但我當下的回答或短暫的交談總是難以令人滿意。無論在廣播、電視、報紙，或是在無數的教會講臺和其他演講場合，我總無法給予令人滿意的回答，反而留下更多未解的問題。人們總是希望知道得更多，越多越好。為了滿足人們的好奇心，我曾撰寫三份不同的文稿以描述這次經歷，但沒有一份能讓我滿意。因此，我說服了一位傑出的作家與我合著，回答有關我經歷生死的問題。

賽斯．墨菲是一位非常成功的傳記作家，曾為葛福臨牧師、杜魯特．凱瑟、B．J．湯瑪斯、鋼琴家迪諾．卡薩納卡斯和班．卡森博士等傑出人物寫過傳記。賽斯幫助我了解該從什麼角度切入，好完成這本書，也就是你手上的這本。

賽斯成為我忠實的朋友、知己和顧問。事實上，寫這本書所獲得的祝福之一，就是認識並了解賽斯．墨菲。書中的每一頁文字都流露出賽斯對這項企畫的熱忱。謝謝你，賽斯，非常感謝你的幫助。我也要感謝奈特經紀公司的德瑞．奈特對出版本書的信心。還有貝克出版集團的維可．柯蘭普頓博士。柯蘭普頓博士是我素來欽佩的人物。對於她在本書出版過程中的各項貢獻，我深表感謝。

感謝荷爾曼醫院與休士頓聖路加醫院的所有人。感謝他們在醫療技術上的貢獻與投入。特別感謝湯姆．格雷德醫師。從一九八九年一月十八日那個改變命運的夜晚開始，他一直是我的骨科醫師。

感謝許多教會中上帝寶貴的子民。感謝他們給我服事的機會。他們的禱告不只是我活下來的重要關鍵，他們的存在對我的事工也是莫大的祝福。非常感謝德州阿爾文的南園浸信會。他們是上帝偉大的禱告勇士。我也感謝路易斯安那州波西爾城第一浸信會、航空浸信會和巴士德浸信會的特別奉獻。戴蒙．范恩博士是我在教會事奉上的「父親」，並曾在第一浸信會和航空浸信會擔任牧師。在此向他表達無比的感謝。

感謝自從我出事以來，一直陪伴著我的人們。向德州羅莎倫的第一浸信會、普拉諾的獵人谷浸信會，以及墨菲公路浸信會致上我永恆的愛。一九九六年起，我轉到德州帕薩蒂那第一浸信會，就是我現在服事的地方。你們對這個企畫的支持始終如一，堅定不移。感謝你們的耐心、寬容、禱告和愛。

感謝安妮塔．奧尼瑞克和她已故的丈夫迪克。感謝你們讓上帝如此奇妙地使用你們。感謝我所有的朋友和在基督裡的弟兄姊妹，感謝你們為我獻上熱切的禱告，只有上帝知道你們的犧牲和協助。尤其感謝我多年的朋友克里夫．麥克阿德和大衛．金泰爾，你們真是上帝賜給我的禮物。無論白天或夜晚，方便或麻煩，領受或付出，你們總是忠誠相待。感謝你們所有人鼓勵我完成這本書。

最後，我要向岳父母艾爾頓和艾瑟兒．潘特考斯，以及我自己的父母親拉爾夫和碧麗．派普表達最深切的感謝，感謝你們無比的奉獻和忠心的支持。

感謝我的三個孩子，妮可、克里斯多福和喬。我要說，上帝給了我三個這麼好的孩子，大大超過我所配得的。我真是太有福氣了。該如何感謝你們呢？你們對我如此重要。自從很久很久以前的那個星期三之後，你們在我心中的重要性與日俱增。更要感謝妻子伊娃三十年來的付出。你為我所做的事，遠超過了一名尋常人應當承受的，然而你卻忠誠、充滿同理，毫不猶豫地完成了這一切。在我所有家人和朋友中，伊娃與我最是親密。只有她真切地理解我在這段經歷中每天所嘗到的痛苦，因為她與我一同承擔。伊娃，你是上帝賜給我的禮物。

主，祢知道我並不總是能明白為什麼會發生這些事，但我從來沒有不信任祢。阿爸父啊，我以謙卑的心盡己所能地講述自己的故事，並祈禱這本書能蒙祢喜悅，並成為許多人的祝福。阿們。

Eurasian Publishing Group 圓神出版事業機構 用心與你對話．視野無限寬廣 究竟出版社 Athena Press

www.booklife.com.tw reader@mail.eurasian.com.tw

宗教 021

去過天堂90分鐘【熱銷七百萬冊新譯版】

關於死亡與勇氣的真實故事

作　　者／唐・派普（Don Piper）、賽思・墨菲（Cecil Murphey）
譯　　者／林丘
發 行 人／簡志忠
出 版 者／究竟出版社股份有限公司
地　　址／臺北市南京東路四段50號6樓之1
電　　話／（02）2579-6600・2579-8800・2570-3939
傳　　真／（02）2579-0338・2577-3220・2570-3636
副 社 長／陳秋月
副總編輯／賴良珠
責任編輯／歐玟秀
校　　對／歐玟秀・柳怡如
美術編輯／蔡惠如
行銷企畫／陳禹伶・鄭曉薇
印務統籌／劉鳳剛・高榮祥
監　　印／高榮祥
排　　版／莊寶鈴
經 銷 商／叩應股份有限公司
郵撥帳號／18707239
法律顧問／圓神出版事業機構法律顧問　蕭雄淋律師
印　　刷／祥峰印刷廠
2025年8月　初版

定價 340 元　ISBN 978-986-137-486-4

我去過的那個地方是眞實的，與那個世界的眞實性相較，我們現在的生活完全就像一場夢。然而，這不代表我不珍惜此刻的生活。事實上，我比以前更珍惜現在的一切。我之所以如此，是因爲看透了生命的本質。

——《天堂的證明：一位哈佛神經外科權威醫生的瀕死體驗》

國家圖書館出版品預行編目資料

去過天堂90分鐘：關於死亡與勇氣的真實故事 / 唐.派普（Don Piper），賽思.墨菲（Cecil Murphey）著；林丘譯. -- 初版. -- 臺北市：究竟出版社股份有限公司, 2025.08
288 面；14.8×20.8公分 --（宗教；21）
譯自：90 minutes in heaven : a true story of death & life
ISBN 978-986-137-486-4（平裝）
1.CST：天國論 2.CST：來世論 3.CST：死亡 4.CST：基督教
242.7 114007772